Reinfried Pohl

»Ich habe Finanzgeschichte geschrieben«

Ein Gespräch
mit Hugo Müller-Vogg

| Hoffmann und Campe |

5. Auflage 2010 (105.–140. Tsd.)
Copyright © 2010 by Hoffmann und Campe Verlag, Hamburg
www.hoca.de
Verlag: Hoffmann und Campe Verlag GmbH, Hamburg
Ein Unternehmen der GANSKE VERLAGSGRUPPE
Harvestehuder Weg 42, 20149 Hamburg
Fotos Schutzumschlag: DVAG (Titel), Laurence Chaperon
Druck und Bindung: GGP Media GmbH, Pößneck
Printed in Germany
ISBN 978-3-455-50198-8

HOFFMANN
UND CAMPE

Ein Unternehmen der
GANSKE VERLAGSGRUPPE

Inhalt

Der Allfinanz-Pionier:
Etwas besser, etwas fleißiger, etwas ideenreicher als die Konkurrenz

Hier erzählt ein Mann seine Geschichte – seine einzigartige Erfolgsstory. Aber hinter den außergewöhnlichen unternehmerischen Leistungen von Professor Dr. Reinfried Pohl und dem von ihm gegründeten Finanzvertrieb »Deutsche Vermögensberatung AG (DVAG)« stecken mehrere ungewöhnliche Geschichten.

Da ist zum einen der Lebensweg dieses Mannes, in dem sich die deutsche Geschichte widerspiegelt: Ein Sudetendeutscher, der als halbes Kind noch im Zweiten Weltkrieg kämpfen muss, der mit seiner Mutter aus Zwickau in die damalige Sowjetische Besatzungszone vertrieben wird, der aus politischen Gründen aus der DDR fliehen muss und schließlich im hessischen Marburg wieder ganz neu anfängt.

Da ist der ungewöhnliche Berufsweg des promovierten Juristen, der Versicherungsvertreter wird – nicht aus Neigung, sondern um den Lebensunterhalt zu sichern. Der beim Gerling-Konzern, beim Deutschen Herold und bei der Bonnfinanz schnell Karriere macht. Doch der mit 47 Jahren beruflich vor dem Nichts steht, weil er den Eigentümern der Bonnfinanz zu stark geworden war. Und der – mit dem Rücken zur Wand – 1975 seinen eigenen Finanzvertrieb gründet und mit geliehenem Geld in zwei angemieteten Räumen klein anfängt.

Da ist der schöpferische Unternehmer, der den Markt der Versicherungen und Vorsorge in Deutschland mit seinem All-

finanz-Konzept grundlegend verändert. Der trotz mancher
Häme von Wettbewerbern und vieler Anfeindungen an seiner
Idee festhält, sie durchsetzt und schließlich zum Maßstab der
Branche macht. Ob Versicherungen, Sparkassen oder Ban-
ken: Heute sprechen alle ganz selbstverständlich von Allfi-
nanz, haben längst versucht, das Pohl'sche Konzept zu über-
nehmen. Was der Erfinder mit mildem Spott kommentiert:
»Kopieren heißt nicht kapieren.«

Die Lebensgeschichte Reinfried Pohls ist auch die Geschichte eines Ehemanns und Vaters, für den die Familie einen
besonderen Stellenwert hat. Der erfahren hat, wie wichtig es
ist, eng zusammenzustehen – in guten wie in schlechten Zeiten. Der auch deshalb sein Unternehmen ganz bewusst als Familienunternehmen führt und allen Verlockungen, durch einen
Börsengang Kasse zu machen, widerstanden hat. Und der sein
Unternehmen als berufliche Familiengemeinschaft versteht.
Wer zur DVAG-Familie zählt, weiß, dass Reinfried Pohl ihn
nicht im Stich lässt – und dass der letzte Patriarch unter
Deutschlands Spitzenunternehmern umgekehrt von seiner
Mannschaft vollen Einsatz erwartet.

Der »Doktor«, wie Pohl von seinen Mitarbeitern mit liebe-
vollem Respekt genannt wird, hat in mehr als fünf Jahrzehnten einen einzigartigen Weg zurückgelegt. Er belegt, dass es
für gute Ideen und unternehmerische Leidenschaft keine Al-
tersgrenze gibt. Als Reinfried Pohl im Juli 1995 in der Frankfurter Festhalle das 20-jährige Bestehen seines Unternehmens
feierte, konnte ein Beobachter den Eindruck gewinnen, hier
habe jemand mit 67 Jahren den Höhepunkt seiner Karriere erreicht.

Was für ein Irrtum! Im »Rentenalter« brach Pohl nochmals
zu ganz neuen Ufern auf. 2001 vereinbarte Pohl mit der Deutschen Bank eine strategische Vertriebspartnerschaft. Wiederum
fünf Jahre später übertrug Pohls wichtigster Produktpartner,

die AachenMünchener-Versicherungsgruppe, ihren gesamten Vertrieb auf die DVAG.

Dies alles hat Reinfried Pohl erreicht, weil er sein eigenes Motto vorlebt: »Immer etwas besser, etwas fleißiger, etwas erfolgreicher sein als die Konkurrenten.« So wurde die Deutsche Vermögensberatung, was sie heute ist: der mit Abstand größte eigenständige Finanzvertrieb, ein Unternehmen mit mehr als 37 000 Mitarbeitern, fast 5,5 Millionen Kunden und Umsatzerlösen von mehr als 1 Milliarde Euro, die »Benchmark«, also Maßstab, für die gesamte Branche.

Im Nachhinein mag sich mancher wundern, dass Reinfried Pohl schon in den siebziger Jahren überzeugt war, die Bürger müssten in zunehmendem Maße die vom Staat angebotene Absicherung gegen Krankheit, für den Todesfall und für das Alter durch private Vorsorge ergänzen. Doch wer damals sehen wollte, der konnte sehen, dass der deutsche Sozialstaat bereits kräftig über seine Verhältnisse lebte. Vor allem aber, dass der einsetzende Geburtenrückgang dem sogenannten Generationenvertrag langsam, aber sicher die Grundlage entziehen würde. Der DVAG-Gründer sah es – und handelte danach.

Manche Manager bei Banken und Versicherungen dürften damals die Zukunft des staatlichen Vollkasko-Schutzes ähnlich pessimistisch beurteilt haben. Doch Reinfried Pohl ging anders als die Wettbewerber an das Problem heran – mit seinem Allfinanz-Konzept. Er wollte den Deutschen eben nicht nur Lebensversicherungen, Bausparverträge und Fondssparpläne verkaufen. Er wollte den Kunden die für sie und ihre Familie maßgeschneiderte Lösung anbieten – und das aus einer Hand. So führte die Allfinanz-Idee zugleich noch zu einem neuen Beruf: dem Vermögensberater.

Das ist das ebenso Überraschende wie Beeindruckende: Die Deutsche Vermögensberatung hat keine eigenen Produkte, sondern bietet nur an, was 14 Kooperationspartner – allen voran die AachenMünchener-Versicherungen und die Deutsche Bank – zu bieten haben. Aber die Vermögensberater schnüren aus der eher verwirrenden Vielfalt an Angeboten ein maßgeschneidertes Vorsorge-Paket: für den jungen Familienvater ein anderes als für den saturierten Endfünfziger, dessen Kinder bereits aus dem Haus sind, für die mit knappen Mitteln haushaltende alleinerziehende Mutter wiederum ein anderes als für den gutverdienenden Single.

Manche Finanzinstitute behaupten, sie böten dasselbe – »alles unter einem Dach«. Aber der Allfinanz-Pionier Pohl, um eine einprägsame Formulierung selten verlegen, kontert diesen Anspruch, seine Vermögensberater böten mehr: »alles aus einem Kopf«. Der Kunde soll eben nicht in einer Bank von Schalter zu Schalter wandern müssen. Nein, ihm wird alles von einem einzigen Berater angeboten und erklärt, in der Regel in der eigenen Wohnung und im Beisein des Partners oder der Familie.

Mit diesem Konzept hat Reinfried Pohl seit Mitte der siebziger Jahre den Markt grundlegend verändert, hat die Banken und Versicherungen zu einem harten Wettbewerb herausgefordert, hat Nachahmer auf den Plan gerufen. Aber nicht nur das: Der Begriff Allfinanz ist einer der ganz wenigen deutschen Fachausdrücke, die Eingang gefunden haben in die angelsächsische Finanzterminologie. Allfinanz ist eben nicht, wie vielfach vermutet wird, die eingedeutschte Version von »Allfinance«, sondern eine deutsche, eine Pohl'sche Erfindung und ein Exportartikel obendrein.

Den Markt richtig einzuschätzen und die richtige Idee zu haben, beides sind notwendige Voraussetzungen für den unternehmerischen Erfolg. Aber kein Unternehmer, und wäre er der Größte, kann es allein schaffen. Reinfried Pohl hat erreicht, was er erreicht hat, weil er nicht nur ein innovativer Unternehmer ist, sondern zugleich ein Vorgesetzter, der seine Mitarbeiter motiviert, der den internen Wettbewerb anfacht und überdurchschnittliche Leistungen fordert, aber gleichwohl ein einfühlsamer Firmen-Patriarch geblieben ist. Wohl in keinem anderen deutschen Unternehmen werden erfolgreiche Mitarbeiter so öffentlich belobigt und so großzügig belohnt wie bei der DVAG.

So ist die Deutsche Vermögensberatung nicht nur ein Familienunternehmen, weil die Familie des Gründers die Mehrheit der Aktien hält. Sie ist auch in dem Sinne ein Familienunternehmen, als der Mann an der Spitze es geschafft hat, unter den 37 000 Vermögensberatern ein Gefühl der Zusammengehörigkeit zu schaffen, das in Unternehmen dieser Größenordnung selten ist.

Dies wäre vielleicht anders gekommen, wenn die DVAG es nicht lange sehr schwer gehabt hätte. Die neue Allfinanz-Vertriebsgesellschaft stieß gleich nach ihrer Gründung auf die erbitterte Konkurrenz der etablierten Versicherungsvertreter, der Bausparkassen und der Banken. So etwas schweißt zusammen, vor allem dann, wenn die Vermögensberater von den Medien als »Drückerkolonnen« angeprangert werden und der Verkauf von Finanzprodukten in den eigenen vier Wänden als grundsätzlich unseriös verdammt wird. Kaum hatte die DVAG es zum Marktführer gebracht, wurde sie öffentlich haftbar gemacht, sobald irgendwo ein Vertreter mit zweifelhaften Methoden eine Police verkauft hatte – ganz gleich, ob er für die Deutsche Vermögensberatung tätig war oder nicht.

Nicht nur die Angriffe von außen haben das Mannschaftsgefühl innerhalb der DVAG gefördert. Die Vermögensberater sind zudem stolz auf ihren Chef und ihr Unternehmen, weil er immer wieder mit neuen Ideen die Marktposition der DVAG gestärkt und damit auch ihre eigenen Verdienstmöglichkeiten erhöht hat. Die meisten seiner Vermögensberater sind keine Akademiker, unter ihnen befinden sich auch viele einfache Menschen, die aus bankfernen Berufen zur DVAG gekommen

sind. Gerade deshalb sind sehr viele sich sehr bewusst, dass sie
ihre Existenz und ihren Erfolg als selbständige Berater nicht
nur dem eigenen Geschick und Fleiß zu verdanken haben, sondern auch dem Talent »des Doktors«, die Entwicklungen am
Markt häufig besser und schneller zu erkennen als die Wettbewerber.

Die Deutsche Vermögensberatung war längst Marktführer,
als Reinfried Pohl im Herbst 2001 ein besonderer Coup gelang – die Kooperation mit der Deutschen Bank. Die Spekula-
tionsblase am Neuen Markt war gerade geplatzt und die größte
der Großbanken mit ihrem Versuch gescheitert, nicht so vermögende Privatkunden zur »Bank 24« abzuschieben. Da such-
ten die Herren aus den Frankfurter Doppeltürmen einen Partner, um mit den »normalen« Privatkunden besser ins Geschäft
zu kommen, und fanden ihn in der DVAG. So kam es zur Zusammenarbeit zwischen der Bank Nummer eins, der zur Bank
gehörenden Fondsgesellschaft Nummer eins, DWS, und dem
Finanzvertrieb Nummer eins, der DVAG. Seitdem wird die
DVAG als »mobiler Vertrieb der Deutschen Bank« bezeichnet.

Im November 2001, nach Unterzeichnung dieses Vertrags,
verkündete der »Doktor« das vor tausenden Vermögensberatern in der Jahrhunderthalle in Frankfurt-Höchst. Und bat
gleich darauf den damaligen Vorstandsvorsitzenden der Bank,
Rolf Breuer, ans Mikrophon. Als der Topbanker seinen neuen
Außendienst dann mit »Liebe Kolleginnen und Kollegen« ansprach, tobte die Halle vor Begeisterung. 5000 Vermögensberater bejubelten den Mann in Nadelstreifen. Nicht zuletzt
bejubelten sie sich selbst: Die angeblichen »Drücker« und
»Klopper« fühlten sich gleichsam in den Adelsstand erhoben,
jedenfalls in der Hierarchie der Finanzdienstleister um mehrere Stufen auf einmal nach oben befördert. Sie waren stolz
und dankbar, vor allem gegenüber dem Oberhaupt der DVAG-
»Familie«.

Die ganze Finanzbranche horchte damals auf. So wie sie es 2006 wieder tat. Die AachenMünchener, der zweitgrößte deutsche Anbieter von Lebensversicherungen, entschloss sich, ihre Produkte ausschließlich von der Deutschen Vermögensberatung AG vertreiben zu lassen. Seitdem hat Pohls Unternehmen allen seinen Konkurrenten etwas ganz Entscheidendes voraus: einen exklusiven Produktlieferanten.

Das unterstreicht die Ausnahmestellung der DVAG unter allen Finanzvertrieben. Als die AachenMünchener ihren eigenen Vertrieb abgab, führte das zudem zu einer eindrucksvollen Bestätigung des Pohl'schen Konzepts der familiären Berufsgemeinschaft. Denn die Hoffnungen der Konkurrenz, besonders tüchtige Vertreter der AachenMünchener abzuwerben, schlugen völlig fehl. Mehr als 90 Prozent der Betroffenen nahmen das Angebot an und wechselten zur Deutschen Vermögensberatung, wurden Mitglieder der DVAG-»Familie«.

Der Erfolg des Reinfried Pohl ist offenkundig, dass er zu den Wohlhabendsten unter jenen Deutschen zählt, die keine Mark und keinen Euro geerbt haben, auch. Neben den unternehmerischen Erfolgen – Veränderung des Finanzmarktes durch das Allfinanz-Konzept, Etablierung des Vermögensberaters, Geburtshelfer der Fondsgebundenen Lebensversicherung, Ermöglichung Zehntausender selbständiger Existenzen – hat Reinfried Pohl auch gesellschaftspolitisch etwas Bedeutsames erreicht: Er hat die Idee der privaten Vorsorge und Vermögensbildung vorangetrieben. Denn seine Klientel sind nicht in erster Linie die Besserverdienenden und Wohlhabenden, die ihr Geld für sich arbeiten lassen. Seine Kunden sind eher jüngere Menschen mit durchschnittlichen Einkommen, die gemäß der DVAG-Devise »Früher an Später denken« handeln. Weil sie eben der eigenen Vorsorge mehr vertrauen als den Versprechungen der Politik.

Natürlich ist die Deutsche Vermögensberatung AG keine

gemeinnützige Einrichtung, ihr Chef versteht sich nicht als
selbstloser Wohltäter der Menschheit. Die Familie Pohl will
mit dem Dienstleistungsangebot der DVAG Geld verdienen.
Und seine Vermögensberater, die etwa 16 000 hauptberufli-
chen und 21 000 nebenberuflichen, wollen das ebenfalls.

Das heißt aber nicht, der »Kollateral-Nutzen« dieses Er-
werbsstrebens, nämlich die Stärkung des Vorsorge-Gedankens
und die Intensivierung der individuellen Vorsorge-Praxis, wäre
deshalb geringer zu veranschlagen. Bäcker, Metzger und
Milcherzeuger sind ja auch nicht automatisch schlechte Menschen, weil sie ihr Geld damit verdienen, die elementarsten
menschlichen Bedürfnisse, nämlich die Stillung von Hunger
und Durst, zu befriedigen. Nicht anders verhält es sich mit der
Vermögensberatung. Es ist geradezu der Vorzug der marktwirtschaftlichen Idee, dass der Eigennutz des einen sehr wohl
zu einer Mehrung des Gesamtwohls beitragen kann – und im
Zweifelsfall effizienter und effektiver als jede Form staatlicher Zwangsbeglückung.

Reinfried Pohl zählt heute zu den großen Unternehmerper-
sönlichkeiten der Bundesrepublik, steht in einer Reihe mit den
Grundigs, Neckermanns und Burdas der Wirtschaftswunderjahre. Bei allen Unterschieden ist diesen Männern eines ge-
mein: Sie haben nicht nur »gemanagt«, sie haben sich nicht
damit zufriedengegeben, in einem vorhandenen Unternehmen
die Rendite nach oben zu treiben. Nein, sie alle waren schöpferische Unternehmer mit Ideen und Visionen, die keine Angst
vor dem Scheitern hatten – und deshalb auch Erfolg.

Die Weitsicht Reinfried Pohls belegt eine Grundsatzrede
aus dem Jahr 1976. Ein Jahr nach dem Start seines Unternehmens hatte der Gründer die rund 200 wichtigsten und erfolgreichsten Mitarbeiter nach Frankfurt zum ersten »Fest der
Gewinner« eingeladen. Die »Hauptziele«, die Reinfried Pohl
damals nannte, waren sehr ambitioniert: Er wollte das Berufs-

bild des Vermögensberaters schaffen, dieser neue Berufsstand
sollte von der Öffentlichkeit wie vom Staat anerkannt werden,
und das eigene Unternehmen sollte »zum Symbol für die in
fachlicher und persönlicher Hinsicht qualifizierten Vermögensberater werden«.

Der Unternehmensgründer hatte zugleich den Ehrgeiz, dass
das eigene Unternehmen »eines Tages identisch mit dem Berufsstand Vermögensberatung in Deutschland« sein werde.
Zudem sollte die neue Aktiengesellschaft »die größte Berufsgemeinschaft von Vermögensberatern in Deutschland werden« und ebenso »zu einer Heimat für berufliche Sicherheit«.

Kein Zweifel: Reinfried Pohl hat diese Ziele erreicht. Das
ist ihm auch deshalb gelungen, weil er eine Gabe besitzt, die
vielen anderen Managern fehlt: Er spricht die Sprache seiner
Mitarbeiter. Und er besitzt deren Vertrauen. Denn den meisten
von ihnen hat er zu Arbeit und einem gewissen Wohlstand verholfen. Wichtiger noch: Er hat ihnen nie mehr versprochen, als
er halten konnte.

Reinfried Pohl ist Visionär und Stratege, nicht zuletzt ist er
aber auch ein großartiger Kommunikator. Die Reden und
sonstigen Äußerungen dieses »Finanz-Papstes«, wie ihn BILD
nennt, zeichnen sich durch eine einfache, eindeutige Sprache
aus, ebenso durch eingängige Bilder und eine Überzeugungskraft, die sich unter anderem aus der ständigen Wiederholung
des Wichtigsten speist.

Der Kommunikator Pohl hat sich 2004 auf diesen Ge-
sprächsband eingelassen, weil er für eine breite Öffentlichkeit
authentisch darlegen wollte, wie er mit der Kraft einer Idee
ein äußerst erfolgreiches Unternehmen aufgebaut, den Markt
für Vorsorge und Vermögensbildung verändert hat und zugleich eine wichtige gesellschaftspolitische Funktion erfüllt.
Der große Erfolg dieser Gesprächsbiographie – von den ersten drei Auflagen wurden bis zum Frühjahr 2006 mehr als

90 000 Exemplare verkauft – legte eine Aktualisierung für
die vierte Auflage nahe. Die Übernahme des Vertriebs der
AachenMünchener Ende 2006, die Finanzkrise 2008 und vieles andere mehr machten es notwendig, die fünfte Auflage
grundlegend zu überarbeiten und zu aktualisieren.

Hier beantwortet der agile Mann, dem man sein Alter nicht
anmerkt, die Fragen zu seinem Leben: Was ihn antreibt, welchen Grundsätzen und Werten er sich verpflichtet fühlt, wie er
mit Erfolgen und Rückschlägen umgeht, wie er die Zukunft
sieht. Hier spricht ein erfolgreicher Unternehmer, einer, der
jenseits der Pensionsgrenze unverändert der Kopf und die
Seele seines Unternehmens ist.

Zugleich wird deutlich: Dieser Mann denkt nicht nur ans
Geld. Er ist auch ein politischer Mensch und jemand, der
anderen gern und großzügig hilft. Von Reinfried Pohls Überzeugung, dass der Einzelne der Gemeinschaft durchaus etwas
schulde, haben über die Jahrzehnte sehr viele profitieren dürfen: Parteien wie Verbände und Sportvereine, Hochschulen
und karitative Einrichtungen, an der Jahreswende 2004/2005
die Opfer der furchtbaren Flutkatastrophe in Südostasien, in
den Jahren 2007/2008 die BILD-Aktion »Ein Herz für Kinder«. Es ist ein hoher zweistelliger Millionenbetrag, mit dem
Reinfried Pohl und sein Unternehmen sich in den vergangenen
Jahrzehnten für unser Gemeinwesen engagiert haben – teil-
weise völlig unbemerkt von der Öffentlichkeit.

Der Gründer der Deutschen Vermögensberatung AG ist persönlich bescheiden geblieben, unterscheidet sich wohltuend
von manchem angestellten Manager, der das Geld anderer
Leute mit vollen Händen ausgibt. Dass er stolz ist auf sein Lebenswerk, ist verständlich.

In Reinfried Pohl begegnet der Leser einem selten gewordenen Pionier-Unternehmer; er nimmt zudem teil an einem
Streifzug durch die deutsche Geschichte des 20. Jahrhunderts,

vor allem durch die jüngere deutsche Wirtschaftsgeschichte. Zugleich dürfte der Leser spüren, wie wichtig es wäre, mehr Unternehmer vom Schlage Reinfried Pohls zu haben. Männer, die jeden Tag nach dem Motto leben: Etwas besser, etwas fleißiger, etwas ideenreicher als die Konkurrenz

Bad Homburg, im September 2010
Dr. Hugo Müller-Vogg

1
Die Lage

»In jeder Krise steckt eine Chance –
auch in der Finanzkrise«

Im Herbst 2008 stand das Welt-Finanzsystem vor dem Zusammenbruch, und die Aktiendepots werden sich wohl noch lange nicht von den dadurch ausgelösten Verlusten erholen. Können Sie nachvollziehen, dass viele Menschen beim Thema Geld das Vertrauen verloren haben?

Daran besteht wohl kein Zweifel. Weil unzählige Bankmanager in ihrer Gier nach immer höheren Erträgen letztlich gar nicht mehr wussten, welche Risiken sie eingegangen waren, wäre das gesamte System fast zusammengebrochen. Vater Staat musste mit Milliarden einspringen, um den Zusammenbruch von Banken zu verhindern. Unzählige Bankmanager mussten gehen. Das hatte fatale Folgen: Geradezu über Nacht schlug das Vertrauen der Menschen in die Unfehlbarkeit der deutschen Bankenwelt in Misstrauen um. Und das betraf nicht nur die Geschäftsbanken. Plötzlich fragten sich Millionen von Deutschen: Wie sicher ist eigentlich meine Sparkasse oder meine Volksbank?

Nun zählt auch Ihr Unternehmen, die Deutsche Vermögensberatung AG, zur »Financial Community«. Ist Ihr Haus von dem Vertrauensverlust nicht ebenfalls betroffen?

Nein, das Gegenteil ist der Fall. Die Finanz- und Bankenkrise ist – langfristig gesehen – sogar ein großes Geschenk für den Beruf des Vermögensberaters und damit für die Deutsche Vermögensberatung. Auch wenn es vielleicht grotesk klingen mag: Jede Krise birgt auch eine Chance in sich. Und diese Finanz- und Bankenkrise ist eine riesige Chance für die Deutsche Vermögensberatung.

Das müssen Sie bitte erläutern.

Sehen Sie: Unsere wichtigsten Konkurrenten, die Volksbanken und Sparkassen, haben im Wettbewerb mit uns keinen Vertrauensvorsprung mehr. Warum? Die haben ihren Kunden Lehman-Zertifikate und was weiß ich noch alles verkauft. Die Vermögensberater unserer Deutschen Vermögensberatung haben das nicht getan. Unsere Leute haben da eine saubere Weste. Die Berater der Banken und der Sparkassen haben dagegen keine weiße Weste mehr. Und viele Menschen haben plötzlich verstanden, was wir schon immer gesagt haben: Dass die Berater in Sparkassen und Volksbanken gar keine Berater im Sinn des Wortes sind, sondern reine Produktverkäufer. Und dass sie Produkte angeboten haben, die sie gar nicht verstanden haben, die sie einfach verkaufen mussten, weil ihre Vorgesetzten ihnen das gesagt haben. Das alles wird sich für uns auszahlen – nicht sofort, aber auf mittlere und längere Sicht.

Übrigens: Nach Ausbruch der Finanzkrise ist die Nachfrage nach Tresoren in Deutschland sprunghaft gestiegen. Das freut mich für die Hersteller von Tresoren und für die Handwerker, die diese Tresore einbauen. Aber für die Banken war auch das ein ganz schlimmes Zeichen – der Beweis für einen nie da gewesenen Vertrauensverlust in Banken und Sparkassen. Das ist bitter für die Banken. Aber das ist eine Riesenchance für uns.

*Wenn Sie sich so kritisch über Sparkassen und Volksbanken
äußern, was sagen Sie denn dann zur Deutschen Bank? Die ist
ja schließlich Partner der Deutschen Vermögensberatung.
Und die Deutsche Bank stand und steht wegen der Bankenkrise auch in der Kritik.*

Sicher, es gibt auch Kritik an der Deutschen Bank, auch deshalb, weil die eine oder andere Äußerung von Herrn Ackermann bewusst missverstanden worden ist. Aber die Deutschen
können froh sein, ein Institut wie die Deutsche Bank zu haben.
Die Deutsche Bank stand und steht besser da als jedes andere
Institut; sie hat die Krise bisher besser gemeistert als jede andere Bank.

Als die Bundesregierung auf dem Höhepunkt der Finanzkrise
Rat brauchte, da gingen Frau Merkel und Herr Steinbrück
nicht zu den Sparkassen und den Volksbanken, sondern zu
Herrn Ackermann. Die Deutsche Bank war ja auch maßgeblich an der Rettung der HypoRealEstate beteiligt. Umso besser
für uns, die Deutsche Bank als unseren Partner zu haben. Deshalb bin ich schon ein bisschen stolz, vor Jahren die Partnerschaft zwischen Deutscher Vermögensberatung und Deutscher Bank begründet zu haben.

*Bis zu Beginn dieses Jahrhunderts war ja eigentlich die
Dresdner Bank Ihr wichtigster Bankpartner gewesen.*

Ja, in der Tat. Wer hätte denn noch vor zwei, drei Jahren gedacht, dass es der Dresdner Bank einmal so schlecht gehen
würde, dass sie übernommen werden muss? Die große Marke
Dresdner Bank ist einfach verschwunden, untergegangen in
Wunschträumen und Krisen. Und wir, wir sind stärker denn
je – auch dank unserer Kooperation mit der Deutschen Bank.

Um es auf den Punkt zu bringen: Die Finanzkrise hat die Deutsche Vermögensberatung also nicht in den Grundfesten erschüttert?

Ich vergleiche die weltweite Bankenkrise gern mit einem Erdbeben von enormer Stärke. Mit einem Tsunami, der nur solche Häuser stehen lässt, die auf einem besonderen, auf einem ganz festen Fundament errichtet sind. Das Haus Deutsche Vermögensberatung stand sozusagen im Zentrum dieses Finanz-Erdbebens. Aber während andere Banken und Konzerne wankten, selbst ganz Große zerstört wurden und noch heute viele als Folge der Krise um ihre Existenz kämpfen, stehen wir unversehrt, eben erdbebenfest, im Zentrum der Zerstörungen. Das heißt natürlich nicht, dass uns die Sorgen und Ängste von Millionen von Bürgern gleichgültig wären.

Und wie erklären Sie, dass Ihr Haus so fest und so gut dasteht?

Gerade in der Finanzkrise haben sich die Stärken unseres Allfinanz-Konzepts gezeigt. Wir bieten unseren Kunden eben nicht nur ein oder zwei Produkte an, sondern die ganze Palette an Möglichkeiten zur Vorsorge. Das ist ein riesiger Vorteil für den Kunden. Aber unser breites Angebot macht auch unser Unternehmen stabil und sichert es gegen Konjunktureinbrüche und Krisen ab.

Aber die Lebensversicherung spielt doch für Sie eine zentrale Rolle, oder nicht?

Natürlich ist die Lebensversicherung das Herz unserer Angebotspalette. Dieses Herz wird immer schlagen – es sei denn, wir sind alle tot. Menschen werden immer versuchen, sich und

ihre Familien abzusichern. Und da ist und bleibt die Lebensversicherung das zentrale Produkt. Auch wenn in Krisenzeiten
niedrigere Summen abgeschlossen werden.

Deshalb bleibe ich dabei: Eine noch so schwere Bankenkrise
hat keinen Einfluss auf die Mehrzahl unserer Produkte. Und
kein Vermögensberater braucht sich vor einer leeren Provi-
sionsabrechnung zu fürchten, weil wir eben nicht nur Produkte anbieten, deren Absatz von der Finanzkrise betroffen
ist. Das gesamte Sachversicherungsgeschäft ist davon nicht
betroffen, die Krankenversicherung nicht, die Rechtsschutz-
versicherung nicht, das Bausparen nicht. Dasselbe gilt auch
für die Berufsunfähigkeitsversicherung, die Risikolebensversicherung, für Riester- und Rürup-Verträge, für das Darle-
hensgeschäft und den Ratenkredit.

Ich könnte mir aber vorstellen, dass im Zeichen der Krise Vor-
sorgeprodukte, die auf Aktienfonds aufbauen, weniger gefragt
sind.

Das mag so sein. Aber selbst das Investmentgeschäft ist im
Kern nicht gefährdet. Der langfristige Investmentsparer kann
sich sogar darüber freuen, wenn die Kurse mal im Keller sind.
Dann bekommt er für den monatlichen Beitrag zu seinem
Sparplan eben mehr Fondsanteile. Das Schlüsselwort heißt
»Cost-Average-Effekt«. Das klingt komplizierter, als es ist.
Aber wir wissen, dass es langfristig günstiger ist, jeden Monat
einen bestimmten Betrag zu zahlen, als eine festgelegte An-
zahl von Fondsanteilen zu kaufen. Denn bei einem monatlich
gleich bleibendem Betrag profitiert man immer dann, wenn
der Kurs schwach ist – so wie jetzt.

Das ist zweifellos richtig. Aber selbst konservative Anleger, die auf fondsgebundene Lebensversicherungen oder Fondssparpläne setzen, haben jetzt zweimal erhebliche Kursverluste hinnehmen müssen – beim Platzen der Internet-Blase 2001/2002 und seit dem Höhepunkt der Finanzkrise im Herbst 2008. Welchen Trost haben Sie für diese Menschen parat?

Wer sich für eine fondsgebundene Lebensversicherung entscheidet, weiß, dass die Chancen – aber auch die Risiken – größer sind als bei der reinen Kapitallebensversicherung. Und wer die aktuellen Verluste bei Fonds nicht realisiert, der kann ja aus dem Minus wieder herauswachsen. Und ich bin ganz zuversichtlich, dass auf jedes Kurstief auch wieder ein Hoch folgt. Das war noch bei jeder Krise so.

Wer sich für eine Riester-Rente auf der Basis von Aktienfonds entschieden hat, hat ebenfalls Verluste erlitten, die er – wenn er bereits etwas älter ist – vielleicht nie wieder wettmachen kann.

Auch hier gilt: Papierverluste lassen sich im Laufe der Zeit wieder ausgleichen. Was aber bei »Riester« viel wichtiger ist: Die Anbieter von »Riester«-Produkten haften dafür, dass am Ende der Laufzeit mindestens das eingezahlte Kapital plus die staatlichen Zulagen ausgezahlt werden. Der »Riester«-Sparer kann also gar nicht verlieren.

Hand aufs Herz: Haben Sie persönlich in der Finanzkrise viel Geld verloren?

Ich kenne niemanden, der da nicht Kursverluste hinnehmen musste. Auch bei mir war das so. Ich habe aber keine Aktien mit Verlust verkauft. Und deshalb stehen die Verluste nur auf

dem Papier. Inzwischen sind auch diese weitgehend wieder
ausgeglichen.

Und wie sieht das bei Ihren 5,4 Millionen Kunden aus?

Natürlich haben auch unsere Fonds unter der Marktentwicklung gelitten. Aber wer bei fallenden Kursen nicht verkauft
hat, der hat auch keine Verluste realisiert. Wir raten deshalb
unseren Kunden gerade in schwierigen Zeiten zu Geduld und
einem langen Atem.

*Wir haben die Folgen der Finanz- und Wirtschaftskrise noch
lange nicht überwunden. Können Sie nachvollziehen, dass bei
vielen Menschen die aktuelle Sorge um den Job den Gedanken
der Vorsorge als zweitrangig erscheinen lässt?*

So eine Einstellung ist verständlich, aber auch gefährlich.
Denn die Gefahr der Versorgungslücke im Alter bleibt ja bestehen. Wer es also zwischendurch unterlässt, fürs Alter vorzusorgen, der wird dafür später büßen müssen. Der Grundsatz
»Früher an Später denken« bleibt auch jetzt gültig.

*Nun hat die Bundesregierung auf dem Höhepunkt der Krise
mit ihrer Garantieerklärung für alle Bankeinlagen sicherlich
klug gehandelt. Deshalb denken heute viele Menschen, der
Einzige, auf den Verlass ist, ist Vater Staat. Ist das für die Idee
der privaten Vorsorge nicht eine nachteilige Perspektive?*

Die Bundeskanzlerin hat damals das einzig Richtige getan.
Aber keine Regierung kann verbindlich vorhersagen, wie hoch
das Rentenniveau in zwanzig oder dreißig Jahren sein wird.
An der Rente ist nur sicher, dass sie kommt – aber nicht, wie
hoch sie ausfällt. Angesichts der hohen Staatsverschuldung ist

in Zukunft eher mit einem weiter sinkenden Rentenniveau zu rechnen. Deshalb führt an der privaten Vorsorge kein Weg vorbei – jedenfalls dann, wenn man Altersarmut vermeiden möchte.

Welche Lehren lassen sich aus der Krise ziehen?

Die Politik sollte aus der Finanzkrise lernen, dass Familienunternehmen eine stabilere Stütze der Wirtschaft sind als viele börsennotierte Konzerne. Familienunternehmer denken an die nächste Generation. Ihr Planungshorizont geht über den von »Heuschrecken« hinaus. Vor allem ist es das Ziel von Familienunternehmern, die Firma zu erhalten und nicht zu zerschlagen. Deshalb sollte der Staat, gerade auch bei der Erbschaftsteuer, den Familienunternehmen helfen.

Müsste der Staat nicht auch manche Bankprodukte besser kontrollieren?

Unbedingt. Der Staat sollte nicht länger zulassen, dass Produkte angeboten werden, die dem Anleger keine ausreichende Sicherheit gewährleisten. Das sollte jedenfalls für Geschäfte mit Privatanlegern gelten. Ich denke da zum Beispiel an geschlossene Immobilienfonds. Wir haben die nie vermittelt, aber andere tun das sehr wohl – zum Nachteil der kleinen Sparer.

Aber letztlich kann der Staat die Bürger nicht vor Fehlentscheidungen bei ihrer Geldanlage schützen.

Natürlich nicht. Und deshalb kann ich allen Anlegern nur raten: Kaufe nichts, was du nicht verstehst. Und kaufe nichts von jemandem, dem du nicht vertraust. Viele Menschen haben

sich von scheinbar hohen Renditeversprechen blenden lassen
und dabei nicht bemerkt, dass sie plötzlich Finanzprodukte
mit einer hochexplosiven Beimischung im Gepäck hatten. Die
waren zuvor von findigen Finanzingenieuren so geschickt
zusammengestellt und verpackt worden, dass ihr Inhalt nicht
mehr zu erkennen war.

Mit den bekannten schlimmen Folgen ...

In der Tat. Was die Vermittler solch riskanter Produkte aber
nicht beachtet haben: Wer das Kapital anderer verspielt, der
verspielt auch die eigene Vertrauenswürdigkeit. Und einmal
verlorenes Vertrauen zurückzugewinnen ist weitaus schwieriger, als aus einem Kapitalverlust wieder einen Kapitalgewinn
zu machen. Deshalb hat die Finanzkrise der Deutschen Vermögensberatung auch nicht geschadet, sondern ihr sogar neue
Chancen eröffnet.

2
Die Idee

»Allfinanz heißt: Alles aus einem Kopf«

Es gibt Unternehmensgründer, die haben die Idee für ein Produkt oder eine Dienstleistung bei anderen abgeschaut und sie einfach besser umgesetzt – mit geringeren Kosten oder besserem Marketing. Sie dagegen sind 1975 mit einer ganz neuen Idee angetreten – dem Allfinanz-Konzept. Können Sie sich noch erinnern: Kam Ihnen diese Idee eines Morgens beim Aufwachen? Oder hatten Sie monatelang über Alternativen gebrütet? Also, wie kamen Sie darauf, Menschen in deren Wohnung Versicherungen, Bausparverträge und Wertpapier-Fonds anzubieten?

So etwas fällt einem nicht von jetzt auf nachher ein. Das entwickelt sich allmählich. Bei mir war das jedenfalls so, und zwar im Rahmen meiner Berufstätigkeit nach dem Studium.

Da sind Sie ins Versicherungsgeschäft eingestiegen.

Von einem geplanten Einstieg kann da keine Rede sein. Mitte der fünfziger Jahre, nach meinem juristischen Staatsexamen und der Promotion, da brauchte ich endlich einen Beruf, um mir den Lebensunterhalt zu sichern. So ergab sich mehr oder weniger zufällig die Tätigkeit beim Gerling-Konzern.

Da haben Sie zunächst einmal Versicherungen verkauft.

Ja, so war das. Und da habe ich sehr schnell etwas ganz Entscheidendes gelernt: Wenn Sie dieses Geschäft ernsthaft und ehrlich betreiben, dann bildet sich sehr schnell ein großes Vertrauensverhältnis zwischen dem, der eine Versicherung braucht, und dem Vermittler heraus. Vor vierzig, fünfzig Jahren musste man zum Beispiel, wenn man eine Lebensversicherung abschloss, mindestens dreißig Fragen zur Gesundheit beantworten. Als Berater waren Sie also zwangsläufig genau über die gesundheitliche Situation Ihres Kunden im Bilde. Dazu gehörte, dass der Kunde Ihnen vertraute. Daneben bekamen Sie auch Einblick in die Vermögensverhältnisse.

Dass ein Kunde seinem Berater dies alles anvertraut, ist ja nicht selbstverständlich.

Nein, keineswegs. Mir gelang dies manchmal auch deshalb leichter als anderen, weil die Kunden in der Gegend von Marburg und Gießen bis dato nicht gewohnt waren, von einem Juristen, von einem Dr. jur., betreut zu werden. Immer öfter ergab sich die Situation, dass meine Versicherungs-Kunden mich mit Fragen zu anderen Dingen bestürmten. Etwa: Hören Sie mal, ich will bauen, was meinen Sie, soll ich das über einen Bankkredit finanzieren oder lieber über einen Bausparvertrag? Ich musste aber häufig passen, weil ich von diesen Dingen nicht allzu viel verstand. So ist dann allmählich meine Allfinanz-Idee entstanden. Ich habe nämlich erkannt: Menschenskind, die Leute vertrauen dir. Da gibt es Lücken, die ausgefüllt gehören. Diese Idee hat mich dann nicht mehr losgelassen, nämlich nicht getrennt zu lassen, was zusammengehört.

Sie ersparen den Menschen im Grunde mit der umfassenden Finanzberatung viele Wege und viel Zeit.

Ja. Ich sagte, wenn du krank bist, dann musst du zum Hausarzt, wenn du aber deine Versicherungsfragen lösen willst, dann brauchst du mindestens sechs unterschiedliche Verträge und verschiedene Vertreter. Der eine schließt nur Krankenversicherungen ab, der andere macht in Rechtsschutz, der nächste Haftpflicht und so weiter. Das ist ja ein nicht gerade idealer Zustand. Und wenn der Kunde zusätzlich noch sparen will, muss er wieder zu jemand anderem gehen. Da sah ich die große Chance für meine im Grunde einfache, dann sehr erfolgreiche Idee: die Chancen zu nutzen, die sich aus einem einmal entstandenen Vertrauensverhältnis ergeben. Natürlich auch im Interesse des Kunden.

Ich weiß nicht, wie das in den sechziger Jahren war. Aber heute kann ich bei der Bank auch einen Bausparvertrag abschließen. Und wenn ich eine Versicherung brauche, empfiehlt die Bank mir einen Versicherungsagenten.

Ja, die Banken haben sich da dem Markt angepasst. Und doch gibt es einen Riesenunterschied zu meiner Allfinanz-Konzeption. Es gilt nicht »alles unter einem Dach« wie bei anderen Instituten, sondern »alles aus einem Kopf«. Das ist das Besondere. Bei einer Volksbank kann man einen Bausparvertrag abschließen. Dann muss man zu einem Schalter gehen, über dem »Schwäbisch-Hall« steht, und mit dem Bausparberater sprechen. Man kann an einem anderen Schalter natürlich auch eine Versicherung bekommen. Fürs Wertpapier-Sparen muss ich wiederum an einem anderen Schalter oder in einer anderen Abteilung vorsprechen. Ich habe mit fünf verschiedenen Beratern zu tun statt mit einem. Meine »Erfindung«, wenn Sie es so nennen wollen, besteht darin, dass ein Mitarbeiter, den ich Vermögensberater nenne, das ganze Angebot »aus einem Kopf«, aus einer Hand zu seinen Kunden bringt.

Manche Banken sprechen inzwischen auch von einer All-
finanz-Konzeption.

Gut, die Allianz konnte sich eine Zeitlang als Allfinanz-Kon-
zern bezeichnen. Sie war ursprünglich eine Versicherung und
hatte nach der Übernahme der Dresdner Bank dann ihre
eigene Bank. Dass die Allianz die Dresdner Bank eingliedern
wollte, das sah ich durchaus auch als Antwort auf meine Strategie. Aber die Rechnung der Allianz ist nicht aufgegangen:
Da stießen zwei verschiedene Unternehmenskulturen auf-
einander. Die Allianz schaffte es einfach nicht, Versicherungsvertreter und Bankberater auf eine Wellenlänge zu bringen.
Das Ganze endete ja dann auch im Desaster: Die Allianz
musste die Dresdner an die Commerzbank verkaufen. Und das
hätte nicht geklappt, wenn der Staat der Commerzbank dabei
nicht geholfen hätte.

Wie kamen Sie eigentlich auf den Begriff Allfinanz? Das ist,
wenn man es genau nimmt, ein Kunstwort, zusammengesetzt
aus den beiden englischen Wörtern »all« und »finance«.

Es ist unbestritten, dass niemand zuvor diesen Begriff geprägt
hat. Sie finden in keiner Publikation irgendeinen, der sagen
könnte, das war nicht der Pohl, das war ich.

Auch in Amerika nicht?

Nein. Allfinanz ist der erste Begriff dieser Art, der aus deut-
schem Sprachgebrauch um die ganze Welt gegangen ist. Die
Amerikaner haben meines Wissens wegen der von mir zum
Erfolg geführten Allfinanz-Konzeption sogar einige Gesetze
geändert. Denn es war vorher verboten, dass eine Bank Ver-
sicherungsgeschäfte betrieb.

Hätte es eine Alternative zu dem Begriff Allfinanz gegeben?

Nein. Über andere Begriffe habe ich nicht nachgedacht. Allfinanz, das ist mir einfach Ende der sechziger Jahre eingefal-
len. Und dabei blieb ich.

Sie haben auch keine Marketing-Berater gefragt?

Nein. Die Idee und der Name sind von mir, alles ganz original.

*Es gibt ja noch einen Begriff, der von Ihnen stammt: Vermö-
gensberater. Wann haben Sie den eingeführt?*

Den habe ich eingeführt im Zusammenhang mit der Gründung
der Vermögensberatungs-Gesellschaft Bonnfinanz im Jahr
1970. Zur Bonnfinanz kamen viele ehemalige IOS-Verkäufer,
die Investmentfonds vertrieben hatten. Die bezeichneten sich
als Anlageberater. Das war eben der passende Ausdruck, wenn
Sie Geld anlegen wollen. Aber Geld anzulegen reicht nicht.

Was gehört denn noch dazu?

Ich habe schon sehr frühzeitig die These vertreten, der Aufbau eines Vermögens ohne dessen Absicherung gleicht einem
Haus ohne Dach. Das war immer mein Schlüsselsatz: Wir
können den Kunden kein Haus ohne Dach anbieten.

Das müssen Sie mir bitte erklären.

Das ist ganz einfach: Was nützt mir das schönste Haus ohne
Versicherung gegen Feuer? Und was nützt es mir, wenn ich in
jungen Jahren mit dem Aufbau eines Vermögens beginne,
meine Familie aber nicht abgesichert ist, falls ich plötzlich

sterbe. Deshalb habe ich gesagt, der Begriff Anlageberater reicht nicht aus. Hinzu kam, dass das Image derer, die in der Versicherungsbranche arbeiteten, schon damals negativ war. So schließt sich der Kreis: Meine Vision von der Allfinanz-Beratung konnte ich nur verwirklichen mit Menschen, die sich weder Anlageberater noch Versicherungsvertreter nannten. So entstand der Begriff Vermögensberater.

Hat sich der Begriff »Vermögensberater« schnell durchgesetzt?

Das war nicht so einfach. Denn der Begriff war zunächst insofern missverständlich, weil sich der normale Bürger unter einem Vermögensberater eben jemanden vorstellt, der Kunden berät, die schon Vermögen besitzen. Ich wollte aber gerade auch diejenigen beraten, die sich erst noch ein Vermögen aufbauen müssen. Also, meine Idee lautete: Lassen wir Vermögensberater ein neues Produkt, das Allfinanz-Angebot, auf den Markt bringen. Dabei muss ich einräumen, dass mir damals mehr an dem neuen Produkt und dem neuen Berufsstand lag als an der Gründung eines eigenen Unternehmens.

Heute sind Sie der Chef von mehr als 37 000 Vermögensberatern. Wären Sie beleidigt, wenn ich sagte: »Das sind doch alles nur Verkäufer«?

Also, beleidigend wäre das nicht und falsch auch nicht. Es handelt sich um eine beratende Tätigkeit. Doch am Schluss muss der Verkauf stehen, das ist klar. Aber es ist eben mehr, als nur etwas zu verkaufen. Es geht, ich habe es schon gesagt, vor allem um die Vertrauensbasis. Der Kunde fasst kein Vertrauen, wenn er merkt, ich spreche hier mit jemandem, der sich lediglich im Abschließen einer Lebensversicherung auskennt. Der Kunde muss auch darauf vertrauen können, dass der Berater beurteilen kann, ob der Beratene tatsächlich eine Lebensversicherung braucht, ob sie für ihn überhaupt das richtige Produkt ist.

Wie merkt ein Kunde das?

Wenn er den Eindruck gewinnt, hier will mir jemand ein ganz bestimmtes Produkt »aufs Auge drücken«, dann wird er skeptisch – und das zu Recht. Wenn er aber merkt, dass sein Berater nicht unbedingt diese Lebensversicherung abschließen will, dass er ihm die Vor- und Nachteile vieler Angebote aus einer ganzen Palette aufzeigen kann, dann fasst der Kunde eher Vertrauen. Deshalb wollte ich, und das ist mir auch gelungen, den gesamten Bedarf eines privaten Kunden abdecken. Im Übrigen ist es die Pflicht eines jeden Vermögensberaters, beim Kunden zunächst die schon vorhandenen Verträge zu erfassen. Ebenso seine Einkommenssituation, seine Ziele und Wünsche. Auf der Grundlage dieser Daten wird für den Kunden dann ein individueller Vermögensaufbau-Plan erarbeitet, und zwar mit Hilfe eines Computer-Programms. Dieser Plan, das ist eigentlich das wichtigste Produkt unserer Vermögensberater.

Fühlen sich Ihre Vermögensberater nicht den ausgebildeten Bankkaufleuten unterlegen, jedenfalls in Bezug auf das Image?

Ich habe mal zu meinen Beratern gesagt, falls es euch an Selbstbewusstsein fehlt, dann stellt euch vor eine Bankfiliale und wartet, bis die erste Familie geschlossen in die Bank geht und sich dort beraten lässt. Und dann vergleicht das mit eurer Tätigkeit: Von euch lässt sich die ganze Familie beraten – und zwar nach Schalterschluss, sogar sonnabends oder sonntags. Mein Allfinanz-Konzept ist ja vor allem dadurch erfolgreich geworden, dass die Mitarbeiter bereit sind, direkt ins Haus zu kommen und zu beraten; außerhalb der Schalterzeiten, unter Einbeziehung der ganzen Familie.

Zudem sind unsere Vermögensberater bestens ausgebildet. Die müssen sich, weil der Gesetzgeber das so will, mehr Prüfungen stellen als viele Kundenberater bei Banken und Sparkassen. Deshalb sage ich manchmal im Scherz, wenn die Mitarbeiter von Volksbanken und Sparkassen sich so vielen Prüfungen stellen müssten wie unsere Vermögensberater, dann müsste fast die Hälfte von denen »Hartz IV« beantragen.

Aber im Ernst: Die Finanzkrise hat den Ruf der Banken und ihrer Mitarbeiter stark in Mitleidenschaft gezogen. Wer hat denn den kleinen Leuten hochriskante Papiere verkauft und ihnen versprochen, die seien ganz sicher? Das waren Bank-Mitarbeiter, nicht unsere Vermögensberater.

Unabhängig von Begriffen wie Berater oder Verkäufer: Am Allfinanz-Konzept wird auch kritisiert, der einzelne Berater könne sich gar nicht so gut in all seinen Angeboten auskennen wie der Spezialist für Kranken- oder Lebensversicherungen, der Experte für Aktienfonds oder der Fachmann für Bauspar-verträge mit ihren viel schmaleren Paletten. Ist da nicht doch etwas dran?

Anfänglich bin ich deswegen angegriffen worden, weil ein Berater angeblich nicht gleichzeitig etwas von Bausparen, von Wertpapieren und von Versicherungen verstehen könne. Da habe ich mir gedacht: Ich werde es euch zeigen! Das ist mir dann auch gelungen.

Und wie ist das gelungen?

Zum einen muss unser Berater ein Generalist sein. Deshalb vergleiche ich ihn ja auch mit dem Hausarzt. Er kann nicht Spezialist sein. In einem Vertriebsunternehmen bin ich verpflichtet, meine Berater von Sparten abzuhalten, denen sie nicht gewachsen sind. Die DWS, die Fondsgesellschaft unseres Partners Deutsche Bank, hat zum Beispiel über 300 Fonds. Die kann mein Berater nicht alle verkaufen, er kann nur eine gewisse Auswahl beherrschen. In viele Produktbereiche bin ich nicht hineingegangen. Ich habe den grauen Kapitalmarkt gemieden, ich habe also keine geschlossenen Fonds für Immobilien oder Schiffe verkauft, keine Steuersparmodelle, überhaupt keine Produkte, hinter denen keine Versicherungen oder Banken stehen und die deshalb auch nicht den Regeln und der Aufsicht der Finanzmärkte unterliegen. Weniger kann mehr sein. So schütze ich meine Kunden davor, falsch beraten zu werden. Noch etwas kommt hinzu: Ich habe das Allfinanz-Konzept auf den Bedarf des privaten Kunden beschränkt. Das ist ganz wichtig. So schütze ich meine Kunden davor, falsch beraten zu werden.

Was können die Deutsche Vermögensberatung und ihre Berater, was Banken nicht können?

Banken verkaufen Produkte und Dienstleistungen: Aktien, Fonds, Festgelder, Girokonten oder Kredite. Wir dagegen verkaufen Konzepte. Einfache, maßgeschneiderte Vorsorgepakete, die alle Eventualitäten des Lebens abdecken: den Aufbau eines Vermögens wie seine Absicherung.

Wie schulen Sie denn Ihre Mitarbeiter?

Wir schulen unsere Vermögensberater viel besser als unsere
Konkurrenten. Dafür geben wir zusammen mit unseren Part-
nern etwa 50 Millionen Euro aus, Jahr für Jahr. Dazu unter-
halten wir elf eigene Berufsbildungszentren, zudem zehn
weitere Schulungs- und Begegnungsstätten in In- und Ausland. Dahinter steckt eben die alte Erkenntnis: Wissen ist
Macht, Wissen schafft Vertrauen. Die Ausbildung ist das Entscheidende. Nur dann können Sie überhaupt das Allfinanz-
Konzept rechtfertigen. Unsere wichtigsten Kontrolleure sind
übrigens unsere Partnergesellschaften. Wenn ein Kunde mit
einem Fonds-Sparplan oder einem Bausparvertrag unzufrieden ist, wendet er sich an die Bank, die den Fonds aufgelegt
hat, oder an die Bausparkasse. Und wenn unsere Partnergesellschaften, also die AachenMünchener-Versicherungsgruppe,
die Deutsche Bank oder die Badenia Bausparkasse, mit den
Leistungen unserer Berater unzufrieden wären, würden sie
uns das wissen lassen. Im Übrigen kann ich Aussagen unserer
Partner ins Feld führen, die sagen, von der Deutschen Vermögensberatung vermittelte Verträge führten zu weniger Beschwerden als die von den eigenen Mitarbeitern erreichten
Abschlüsse.

Man könnte natürlich sagen, der Deutschen Bank sei es
gleichgültig, mit welchen Methoden Sie DWS-Fonds verkau-
fen, Hauptsache, Sie verkaufen.

Sie haben natürlich im Kern recht. Aber der Kunde ginge
trotzdem zur Deutschen Bank und beschwerte sich. Mein
Hauptargument, dass unser Vertriebssystem nicht den schlechten Ruf verdient, den es früher hatte, ist die Tatsache, dass wir
sonst nicht fast fünfeinhalb Millionen Kunden gewinnen und

der erfolgreichste Finanzvertrieb weltweit hätten werden können. Im Übrigen hat sich auch der Ruf der Berater wesentlich verbessert – und das zu Recht.

Sie haben sich gewiss auch schon von Beratern getrennt. War das eine große Zahl?

Es gab ganz wenige Trennungen. Man muss unterscheiden, ob die Trennung wegen falscher Beratung erfolgte oder deshalb, weil Führungskräfte ihren Pflichten nicht nachkamen. Falsche Beratung wird direkt vom Markt bestraft, wenn Sie so wollen. Es ist ein Vorteil, dass alle unsere Mitarbeiter Selbständige sind, im Unterschied zu den übrigen Vertriebssystemen der deutschen Finanzwirtschaft, die ja mit Angestellten arbeitet. Bei uns wirkt sich Fehlverhalten sofort aus, nach dem Motto: Du musst selbst den Schaden bezahlen.

Kritiker Ihres Vertriebskonzepts sprechen von Drückerkolonnen oder von »Kloppern«. Auch die Bezeichnung »Struckies« für Mitarbeiter eines Strukturvertriebs taucht heute immer noch auf. Das klingt nicht gerade schmeichelhaft. Hat Sie das verletzt oder zumindest irritiert?

Es hat mich mit Blick auf meine Mitarbeiter verletzt. Bekanntlich ist nichts schwieriger, als eine »unsichtbare« Ware zu verkaufen. Auch dadurch ist der Beruf des Versicherungsvertreters schon sehr früh in Misskredit geraten. Umfragen ergeben seit eh und je, dass die Menschen Versicherungsvertreter im Allgemeinen nicht sehr schätzen. Nur den einen, den man persönlich kennt, den sieht man meistens positiv. Ich kämpfe weiterhin dafür, dass der Beruf des Vermögensberaters ein hohes gesellschaftliches Ansehen erlangt.

Seit wann gibt es eigentlich den Begriff »Struckie«?

Der ist erst nach der Wende entstanden. Aber was bedeutet er?
Es gibt nichts im Leben, was ohne Gliederung, ohne Struktur
funktioniert, sei es bei der Bundeswehr, in der staatlichen Verwaltung oder in der Wirtschaft. Bei der Bundeswehr wird man
auch erst Hauptmann, wenn man zuvor Fähnrich und Leutnant
war. Bei den Banken folgt dem Handlungsbevollmächtigten
der Prokurist, und dann kommen die unterschiedlichsten Di-
rektoren-Stufen vor dem Vorstand. Ich habe eben ein struktu-
riertes Vertriebssystem. Was soll daran negativ sein? Abgesehen davon empfinde ich das Wort Strukturvertrieb, aus dem
der Begriff »Struckie« entsprungen ist, als absolut unlogisch,
als ein perfektes Unwort. Man kann Produkte vertreiben, aber
keine Strukturen.

*Man kann bei Ihnen nur aufsteigen, wenn bestimmte Ziele er-
reicht werden. Das wird doch knallhart an Euro und Cent fest-
gemacht?*

Ja, so ist es. Ich bin halt ein Verfechter des Leistungsprinzips.
Das ist der Grund, warum ich mich seinerzeit entschieden
habe, nicht nur für wenige Monate beim Gerling-Konzern und
in der Versicherungsbranche zu arbeiten, sondern auf Dauer.
Ich habe schnell für mich erkannt, dass ich mich selbst beweisen muss. Wie hätte ich als Rechtsanwalt erkennen können,
ob ich erfolgreich bin, wer entscheidet darüber? In meiner
Branche ist Erfolg messbar, das habe ich dann perfektioniert.
»Deine Beförderung bei uns hängt nicht davon ab, dass du die
schielende Tochter deines Chefs heiratest.« Das ist einer meiner Kernsprüche. »Bei uns wirst du befördert, wenn du was
geleistet hast. Und das ist messbar. Dann rückst du auf.«

Das ist genau der Punkt, mit dem viele gesellschaftspolitische Kritiker bei uns Probleme haben: dass Leistung messbar, benotbar sein soll.

Ich weiß. Aber es gibt nichts Gerechteres, als wenn man die Leistung messen kann und alle Beteiligten das von vornherein wissen.

Es gibt sicher auch Berater, die Fehler machen. Sie werden nicht sagen, ich lege für alle meine Mitarbeiter die Hand ins Feuer?

Das kann ich nie und nimmer, es menschelt doch überall.

Was tun Sie konkret dagegen?

Ich tue viel dagegen. Ein Vorteil des strukturierten Systems ist, dass derjenige, der einen Fehler macht, sich selbst bestraft. Ein unzufriedener Kunde wird den schlechten Berater nicht weiterempfehlen, das ist schlecht für sein Geschäft. Ein unzufriedener Kunde wird aber auch niemandem raten, für die Deutsche Vermögensberatung zu arbeiten. Darauf sind wir aber angewiesen. Wir rekrutieren unsere Vermögensberater praktisch zu 95 Prozent aus den Empfehlungen zufriedener Kunden. Verletzt ein Berater seine Pflichten, hat er außerdem keine Chancen aufzusteigen. Wer Fehler macht, muss dafür den Kopf hinhalten, das ist doch logisch.

Es gibt aber sicher auch Beratungsfehler, die zu Rechtsstreitigkeiten führen.

Wenn Sie mehr als fünf Millionen Kunden haben, bleibt das nicht aus. Die Bundesaufsicht für das Versicherungs- und Kreditwesen führt eine genaue Statistik. Jeder in Deutschland weiß, dass er sich über falsche Beratung beschweren kann. Die Hoffnung, dass in der Branche keine Fehler passieren, gleicht der Hoffnung auf Straßenverkehr ohne Unfälle. Wir sind mit über 37 000 Vermögensberatern und deren Angehörigen, also mindestens 100 000 Menschen, mit einer Großstadt vergleichbar. Und jetzt nennen Sie mir die Großstadt, in der es kein Fehlverhalten von Menschen gibt und in der niemand verurteilt wird. Aber unser System schließt eher Fehler aus als andere.

Wie oft kommt es zu Gerichtsverfahren?

Die Zahl der Beschwerden ist ganz minimal. Rechtsstreitigkeiten gibt es, ganz klar. Das ist bei 5,4 Millionen Kunden und 37 000 Vermögensberatern nicht auszuschließen.

Wie lange sind Ihre Kunden Ihnen im Durchschnitt treu?

Viele sind schon seit mehr als drei Jahrzehnten dabei. Die Lebensversicherung ist bekanntlich das längste Abzahlungsgeschäft auf der Welt, die durchschnittliche Laufzeit beträgt fast 30 Jahre. Wir haben einerseits natürliche Abgänge. Aber gleichzeitig wachsen wir überdurchschnittlich. Beispielsweise ist unser Beitragsvolumen über die letzten zehn Jahre im Durchschnitt jährlich um neun Prozent auf nunmehr 5,7 Milliarden Euro gestiegen. Dagegen ist das Beitragsvolumen der Branche im Durchschnitt nur um drei Prozent jährlich gestiegen.

Verbraucherzentralen vergleichen gern die Storno-Quoten bei Lebensversicherungen: fünf Prozent im Durchschnitt und sieben Prozent bei Ihnen.

Dieser Vergleich ist großer Unsinn. Aus meiner Sicht ist diese Quote kein Maßstab zur Beurteilung der Beratung, denn die Zahl der Stornierungen hängt stark ab von der Zusammensetzung der Kundschaft. Wir sind seit Jahren der größte Vertrieb in den neuen Bundesländern. Wenn dort die wirtschaftliche Entwicklung negativ verläuft, muss das logischerweise Folgen haben. Wenn jemand arbeitslos wird und den Beitrag nicht mehr zahlen kann, dann heißt das: Storno. Bei uns fällt das Storno hauptsächlich nach drei bis vier Jahren an, also nicht zeitlich nahe am Vertragsabschluss; dies wäre ein Indiz für falsche Beratung, also eine Qualitätsfrage. Ansonsten ist es eine Marktfrage und eine Produktfrage. Es gibt unendlich viele Ursachen, die dazu führen, dass Verträge nicht aufrechterhalten werden. Wenn jemand aber freiwillig Jahr für Jahr den ursprünglichen Beitrag erhöht, ist das der beste Beweis, dass er sich gut beraten fühlt und zufrieden ist. Im Jahr 2009 wurden von unseren Kunden rund 2,3 Millionen Verträge erhöht. Im Übrigen hat die unabhängige Kölner ServiceRating GmbH nach einem umfangreichen Bewertungsverfahren unser Unternehmen mit dem Testergebnis »sehr gut« ausgezeichnet. Dieses Ergebnis spricht für sich und unsere Vermögensberater.

Nach der Wende haben viele Ostdeutsche schlechte Erfahrungen gemacht mit Beratern, die ihnen alles Mögliche verkauft haben. Das hat auch dem Begriff Marktwirtschaft geschadet. Können Sie wirklich sagen, das waren nicht unsere Mitarbeiter, das war die böse Konkurrenz?

Nach der Wende fielen alle möglichen Wettbewerber in die neuen Länder ein und haben die Gutgläubigkeit der Menschen ausgenutzt. Es war eine Goldgräberstimmung. Dann kam anschließend der Zusammenbruch dieser Vertriebssysteme. Ich hatte bei der DVAG insofern vorgebaut, als ich Erfolge in den neuen Bundesländern bei unseren internen Bewertungsregeln nur zur Hälfte wertete. Die Abschlüsse in dieser tollen Marktlage gingen nur zu 50 Prozent in die Bewertung der Berater ein, bis sich alles normalisiert hatte. Das hat unsere Berater vor zweifelhaften Abschlüssen geschützt, sie hätten sich für die Berater gar nicht gelohnt.

Hat Sie das Marktanteile in den neuen Ländern gekostet?

Im Gegenteil, das hat mich in gewisser Weise gerettet. Weil wir zurückhaltender vorgegangen sind, sind wir dort jetzt der stärkste Vertrieb. Allerdings haben auch wir unter der schwierigen wirtschaftlichen Lage in Ostdeutschland zu leiden.

Wie hoch ist Ihr Marktanteil in den neuen Ländern?

Fast 30 Prozent.

In Ihrer Branche hängt viel vom guten Ruf, vom Image ab. Die Strukturvertriebe werden in der Öffentlichkeit im Vergleich zu den Banken gern als »Schmuddelkinder« bezeichnet. Im November 2001 kam es aber zum Kooperationsvertrag der DVAG mit der Deutschen Bank. Bankchef Rolf Breuer wurde in der Jahrhunderthalle Höchst in Frankfurt anschließend von Ihren Mitarbeitern frenetisch gefeiert, weil er sie mit »Liebe Kolleginnen und Kollegen« ansprach. War das eine Art Ritterschlag für Sie?

Den hätte ich persönlich zu dieser Zeit schon nicht mehr gebraucht. Aber in den Aufbaujahren hatten die Geldinstitute, insbesondere die Volksbanken und Sparkassen, uns gerade in ländlichen Gegenden scharf bekämpft. Das hat sich dann geändert, zumal wir ja auch mit der Dresdner Bank lange zu-

sammengearbeitet haben. 2001 wurden wir dann der mobile
Vertrieb der Nummer eins unter den Banken, der Deutschen
Bank. Das hat natürlich dem Selbstbewusstsein unserer Mitarbeiter geholfen, so nach dem Motto: »Was sagt ihr denn nun?!
Wir vertreiben für die Deutsche Bank neben DWS-Fonds auch
in großem Stil Baufinanzierungen und sind in das Ratenkredit-
geschäft eingestiegen. Wir, die Vermögensberater der Deutschen Vermögensberatung, bieten fast alles an, was man auch
in einer Deutsche-Bank-Filiale bekommt.«

*Für wen war diese Kooperation wichtiger, für Sie oder für die
Deutsche Bank?*

Natürlich war das für uns eine Chance, die wahrgenommen
werden musste. Aber es war auch wichtig für die Deutsche
Bank, die ja lange Jahre das Geschäft mit dem normalen Kunden vernachlässigt hatte.

*Das Unternehmensimage ist zweifellos sehr wichtig. Haben
Sie deshalb eine Reihe von angesehenen Persönlichkeiten in
Ihrem Beirat?*

Ja. Fast jedes große Unternehmen hat neben dem Aufsichtsrat
noch einen Beirat. Das gab es früher bei uns nicht, sondern es
hat sich erst im Laufe der Jahre entwickelt. Ich wollte durch
die Besetzung dieses Beirats auch dokumentieren, dass die
Deutsche Vermögensberatung eine zentrale gesellschaftspolitische Aufgabe hat: nämlich die Vermögensbildung und die
private Vorsorge für das Alter voranzubringen. Deshalb bin
ich froh, dass ich Persönlichkeiten aus der Politik wie aus der
Wirtschaft für diesen Beirat gewinnen konnte. Vorsitzender
des Beirats ist Altkanzler Helmut Kohl. Dort arbeiten auch der
frühere Vorstandssprecher der Deutschen Bank, Rolf Breuer,

und der für das Privatkundengeschäft der Deutschen Bank zuständige Vorstand Rainer Neske mit. 2009 und 2010 kamen einige interessante Persönlichkeiten neu dazu, so der frühere österreichische Bundeskanzler Wolfgang Schüssel, der Präsident des Deutschen Fußballbundes, Dr. Theo Zwanziger, und die Frankfurter Oberbürgermeisterin Petra Roth.

Und Michael Schumacher trägt Ihr Firmenlogo.

Ja, aber das machen wir nicht in erster Linie, um Kunden zu gewinnen, sondern um das Selbstbewusstsein unserer Vermögensberater zu stärken. Denn unser Unternehmen sieht man nicht, wir sind im Straßenbild nicht so sichtbar wie die Banken. Die Deutschen brauchen aber Statussymbole, da hilft ein »Schumi« mit seinen Erfolgen in der Formel 1 ungeheuer.

Gibt es eigentlich ein Geheimnis für Ihren Erfolg?

Viele! Zum Erfolg gehört etwa, dass ich manches nicht gemacht habe, was andere machen. Dass ich den Mitarbeitern eine kostenlose Ausbildung biete, ihnen Anerkennung zuteil werden lasse, als Belohnung Reisen auslobe und – das halte ich für ganz wichtig – die Lebenspartner, wenn irgend möglich, bei allen Veranstaltungen einbeziehe. Zum Erfolgsgeheimnis gehört auch, dass ich keine Gebietsbeschränkung habe, was sonst allgemein in der Branche üblich ist. Bei mir kann jeder überall arbeiten, es gibt keinen Gebiets- und Kundenschutz. Ich gebe also sehr viel Freiheit.

Wie sehen Sie Ihre eigene Rolle, die Rolle des Dr. Pohl: Sind Sie in erster Linie Stratege oder Motivator?

Beides. Natürlich schöpfe ich aus meiner Erfahrung, auch das ist ein Erfolgsgeheimnis. Es gibt wohl niemanden im Finanzvertrieb, der schon so lange tätig ist wie ich. Ich habe meine zwölf Jahre Erfahrung beim Gerling-Konzern, ich habe dann durch Erich Mende in der Zusammenarbeit mit IOS die Philosophie der Amerikaner kennengelernt und aus deren Fehlern die Lehren gezogen, ich habe später die Vermögensberatungsgesellschaft Bonnfinanz aufgebaut. Ich konnte – noch eine Ursache für den Erfolg – immer allein entscheiden. So hatte ich mehr Verantwortung als andere, habe aber nicht aus Angst vor dem Tod Selbstmord begangen wie so viele, die um ihren Posten fürchteten, wenn es um wichtige Entscheidungen ging.

Wer andere motivieren will, muss sich erst einmal selbst motivieren können.

Ja. Bei anderen erlebt man dabei natürlich auch Enttäuschungen, obwohl ich davon weitgehend verschont geblieben bin. Ich bin dadurch motiviert, dass ich glaube, etwas geschaffen zu haben. Ich habe zuerst den Markt überrascht und dann die Finanzwelt verändert. Das haben viele lange nicht gesehen oder nicht sehen wollen, dass ich ein Stück Finanzgeschichte geschrieben habe auf vielen Gebieten. Aber längst werde ich von denen nachgeahmt, die mir nie eine Chance geben wollten. Dass man nun meinen Rat sucht, das ist allerdings eine zeitliche Belastung für mich. Motivation entsteht durch die Anerkennung, die ich letztlich erfahren habe. Und durch die Verpflichtungen gegenüber meinen Mitarbeitern: Ich bezeichne mein Unternehmen als eine berufliche Familiengemeinschaft.

Es heißt, Sie könnten Ihren Vertrieb »über den Bauch kitzeln«, also die Leute emotional packen?

Ja, auch. Aber das ist nicht entscheidend. Ich kann das vor
allem deshalb, weil man mir abnimmt, was ich sage. Ich habe
nie etwas versprochen, was ich nicht eingehalten habe. Meine
Partner – ob AachenMünchener oder Deutsche Bank – können
bis zum heutigen Tag erkennen, dass meine strategischen Entscheidungen richtig waren. Gleiches gilt für meine Vermögensberater. Und dass vor allen Dingen meine Entscheidungen
besser waren als die der anderen. So bin ich zum Beispiel zum
Vater der Fondsgebundenen Lebensversicherungen geworden.

Sind Sie beim Motivieren vielleicht deshalb so erfolgreich,
weil die Mitarbeiter wissen, »der Doktor« hat das selbst alles
einmal gemacht?

Ja, das ist die Voraussetzung. An der Spitze sollte, wie mir
auch von einem Chef der Allianz einmal bestätigt wurde, nur
jemand stehen, der selber schon Versicherungen verkauft hat.
Ich weiß, dass meine Söhne das erkannt haben und auch be-
rücksichtigen werden.

Sie sprechen von der Firma als Familie. Nun haben Familien
auch Rituale. Ich habe ja schon an einigen Ihrer Großveran-
staltungen teilgenommen. Da gab es Aufmärsche von Fahnen-
trägern, sehr emotionale Reden, ein für den Außenstehenden
schwer nachzuempfindendes Wir-Gefühl. Können Sie nach-
vollziehen, dass das auf manchen befremdlich wirkt?

Ja. Aber die Seele der Mitarbeiter will eben gepflegt werden.
Heutzutage wird auch auf deutschen Parteitagen mit solchen
Inszenierungen das Gemeinschaftsgefühl gefördert. Sehen Sie,
wir sind durch ganz schwere Zeiten gegangen, wir sind von
anderen in der Branche und auch von Medien bekämpft worden. Heute genießen wir einfach, dass wir es geschafft haben,

zusammen geschafft haben. Aber natürlich gibt es Grenzen. Ich würde bei einer solchen Veranstaltung nicht auf einem Elefanten in den Saal reiten.

Sie bezeichnen nicht nur die Firma als Familie. Sie sind auch ein Familienunternehmen und wollen es auf alle Fälle bleiben. Hat diese Struktur keine Nachteile?

Es gibt nichts, was nur Vorteile hat. Aber die Vorteile in der heutigen Zeit überwiegen. Nehmen Sie die Mitarbeiter, gerade jetzt, wo überall Sorge um die Arbeitsplätze herrscht. Bei uns weiß jeder: Verhalte ich mich anständig – und es ist ein Teil meiner Strategie, dass ich die Schlechten aussondere –, berate ich meine Kunden richtig, dann kann ich hier bleiben. Die Firma wird nie verkauft werden. Daran glauben meine Vermögensberater, weil sie wissen, dass ich mein Lebenswerk von null aus aufgebaut habe.

Und die Nachteile?

Die Hauptschwäche des Familienunternehmens besteht darin, dass Erbschaftsteuer gezahlt werden muss. Ein Familienunternehmen wird von der Steuergesetzgebung anders behandelt als andere Unternehmen. Außerdem ist ein Familienunternehmen davon abhängig, dass auch Mitglieder der Familie an der Spitze stehen. Ich habe das Glück, zwei Söhne zu haben und inzwischen auch acht Enkel.

Aber Sie würden den Sitz der Holding nicht ins Ausland verlegen, um die Erbschaftsteuer zu sparen?

Nein, nein. Das würde ich nie tun. Vielleicht wäre es sinnvoll, aber ich habe es nicht vor. Ich glaube, da müsste ich selbst ins

Ausland gehen. Und das will ich mir in meinem Alter nicht mehr antun. Wir sind hier verwurzelt.

Ihre berufliche Tätigkeit hat noch in den Aufbaujahren begonnen, und Sie haben sich in den siebziger Jahren, als vieles im Umbruch war, selbständig gemacht. Würden Sie das nochmals wagen?

Ich muss zugeben, dass ich 1975 zunächst gar nicht den Mut hatte, mich selbständig zu machen. Meine leider viel zu früh verstorbene Frau hat mich schließlich dazu gebracht. Aber um auf Ihre eigentliche Frage zurückzukommen: Ich würde es heute wieder so machen, ganz sicher.

Unabhängig von Ihrer Erfindung, der Allfinanz-Konzeption: Gab es auch besondere Umstände, die Ihren Aufstieg und Erfolg begünstigt haben?

Visionen, wie ich sie hatte, garantieren noch keinen Erfolg. Es kamen in der Tat besondere Umstände hinzu. Ich habe zum Beispiel 1970 die Chance ergriffen, die das 3. Vermögensbildungsgesetz eröffnet hat. Ohne dieses Gesetz, das bei der Vermögensbildung im Rahmen des 624-Mark-Gesetzes erstmals auch die Lebensversicherung und das Bausparen förderte, hätte ich die Bonnfinanz gar nicht so schnell aufbauen können. Heute sind wir begünstigt durch die Entwicklung in der gesetzlichen Rentenversicherung. Und dadurch, dass inzwischen jeder weiß, ohne private Vorsorge geht es nicht mehr: Hilf dir selbst, dann hilft dir Gott; tust du nichts, dann gnade dir Gott.

Ist es für einen Mann mit Ihrer politisch konservativen Einstellung nicht geradezu grotesk, dass der SPD-Arbeitsminister Walter Arendt mit dem 624-Mark-Gesetz Ihnen den Boden bereitet hat ...

Richtig!

... und dass die Riester-Rente der rot-grünen Koalition Ihnen neue Kunden zugeführt und riesige Chancen eröffnet hat. Insofern haben Ihnen die falschen Parteien unternehmerisch geholfen.

(Lacht.) So ist es. Ich müsste eigentlich Mitglied der SPD werden.

3
Der Unternehmer

»Unser Weg nach oben war streckenweise
dornenreich«

*Ob jemand zum Unternehmer taugt oder nicht, merkt man
häufig schon sehr früh. Wie war das bei Ihnen – hatten Sie
vielleicht schon als Schüler ein Händchen für Tauschge-
schäfte? Oder waren Sie in der Nachkriegszeit etwa ein be-
gabter Schwarzhändler?*

Das Talent, Dinge ohne große Umstände ins Lot zu bringen,
hatte ich schon immer. So richtig gezeigt hat sich das aber erst,
als ich Unternehmer wurde.

*Sie finanzierten Ihr Studium in Marburg als Werkstudent. Wie
haben Sie Ihr Geld verdient?*

Meine Mutter konnte perfekt nähen und hat uns damals mit
dem Nähen von Kleidern durchgebracht. Ich habe ihr dabei
geholfen. Daneben kümmerte ich mich um eigene Einnahme-
quellen. Das gelang mir zum Beispiel als Buchhalter bei einem
Farbengroßhändler.

*Sie haben Jura studiert. Wie lernt man da, was ein Buchhalter
wissen muss?*

Wenn man beim Jura-Studium mit dem trockenen Römischen
Recht zu tun hat, ist die Arbeit in einer Buchhaltung kein Pro-

blem. Ich brauchte ja keine Bilanzen zu erstellen. Als Buchhalter muss man vor allem exakt und genau arbeiten. Ein kleiner Fehler, eine Unaufmerksamkeit, kann eine große Wirkung haben. Insofern haben Juristerei und Buchhaltung schon Berührungspunkte.

Wissen Sie noch, was Sie damals verdient haben?

Ja, das steht ja in den Nachweisen zur Rentenversicherung. Es waren 250 Mark im Monat. Das reichte gerade so, obwohl nach den Entbehrungen der Kriegszeit unsere Bedürfnisse nicht sehr groß waren. In der Uni-Mensa gab es ein Stammessen für 50 Pfennig. Ein Nachtisch für einen Groschen war schon Luxus.

1953 war das Jahr Ihres Examens und Ihrer Promotion. 1956 haben Sie dann beim Gerling-Konzern angefangen. Was haben Sie eigentlich in der Zwischenzeit, in diesen drei Jahren, gemacht?

Ich habe im Dezember 1953 die Promotion mit dem Rigorosum, der mündlichen Prüfung, abgeschlossen. Dann fing ich als Gerichtsreferendar an, habe nebenbei noch drei Semester Volkswirtschaft studiert, was mir später durchaus geholfen hat. Das Referendariat habe ich aber vor dem zweiten Staatsexamen abgebrochen.

Wieso das?

Ich gab auf, weil es eines Tages finanziell nicht mehr möglich war, das Referendariat fortzusetzen. Ich kam mit dem wenigen Geld einfach nicht mehr zurecht. Allerdings war es mir zunächst als Referendar beim Amtsgericht Treysa in der Nähe von Marburg vergleichsweise gutgegangen. Ein Referendar bekam dort kostenlos ein Mittagessen, deshalb war die Stelle begehrt.

Ein Dienstessen sozusagen.

Genau so war es. Dem Amtsgericht war nämlich ein Untersuchungsgefängnis angegliedert. Und die Dienstanweisung regelte, dass ein Beamter überprüfen musste, ob das Essen an die Gefangenen ausgegeben werden durfte.

Sie waren also der Vorkoster der Häftlinge?

Ein nahrhafter Job. Doch meine Mutter war ängstlich, weil das Essen wiederum von einem Häftling der Haftanstalt im benachbarten Ziegenhain zubereitet wurde. Der hätte mich ja vergiften können, dachte sie. Abgesehen von diesem »Risiko« habe ich in Treysa viel gelernt. Aber währenddessen dachte ich immer öfter über die eigentlichen Aufgaben des künftigen Juristen nach. Ich wusste nicht, ob ich Staatsanwalt, Rechtsanwalt oder Richter werden oder in die freie Wirtschaft gehen sollte. So entschloss ich mich wegen meiner knappen Finanzen das Referendariat zu unterbrechen.

Hatten Sie damals schon ein konkretes Angebot für etwas anderes?

Eines Tages kam ein Anruf meines älteren Bruders, der in Gießen Geschäftsführer eines Textilunternehmens war. Ob ich ein Angebot des Gerling-Konzerns annehmen würde, die dortige Geschäftsstelle zu leiten? Ich dachte, Gießen ist nicht weit, das könntest du machen. Ich wusste nicht, dass es sich um eine Tätigkeit im Außendienst handelte. Das ergab sich erst aus den Vertragsunterlagen. Da erfuhr ich dann, dass es um direkte Akquisition ging.

Eigentlich wollten Sie das also gar nicht?

Nein, wirklich nicht. Aber statt zu kneifen, wollte ich es erst einmal ausprobieren, vielleicht für ein Jahr.

Es kommt ja nicht alle Tage vor, dass ein promovierter Jurist von Tür zu Tür geht, um Versicherungen zu verkaufen.

Aus der Not heraus kommt das schon vor. Bei mir war es so.

Wie war Ihnen dabei zumute?

Ich habe aus der Not eine Tugend gemacht. Mein Vorteil war, dass ich schon viele Menschen in der Gegend, also in Marburg und Mittelhessen, kannte. Meine Chance lag darin, dass der Doktortitel mir bei meinen Gesprächspartnern half. Das lief so gut, dass ich nach einem Jahr dachte: Warum machst du das nicht weiter? Zudem stellte ich fest, dass Fleiß und Einsatz bei dieser Tätigkeit messbar waren. Das gefiel mir. Und es gefiel mir auch, dass die Kollegen im Gerling-Konzern mich, den Promovierten, nicht länger scheel ansahen, weil ich kein schlechter Verkäufer war.

Ich habe während meines Studiums auch mal Versicherungen verkauft – mit mäßigem Erfolg. Was macht den guten Verkäufer denn aus?

Fachwissen tut es nicht allein. Er muss den Kunden überzeugen, dass dessen Interessen wichtiger sind als der Abschluss eines Vertrags. Es gibt bei der Deutschen Vermögensberatung deshalb auch eine eiserne Regel: Beim ersten Kontakt zwischen dem Vermögensberater und einem potenziellen Kunden darf es auf keinen Fall einen Abschluss geben. Erst muss die finanzielle Lage genau analysiert werden, dann entwickelt der Berater mit Hilfe unserer Computer-Programme ein Konzept. Wir nennen dies unseren Vermögensaufbauplan. Einen Abschluss kann es erst danach geben, frühestens beim zweiten Besuch.

Der Verkäufer darf also nicht den Eindruck erwecken, dass für ihn vom Verkaufen alles abhängt. Muss der Verkäufer von Versicherungen nicht eigentlich ein Zyniker sein? So nach dem Motto: Der Kunde hat schon zwei Lebensversicherungen, da kann er auch noch eine dritte kaufen?

Nein, nein. Diese Methode brächte nur kurzfristige Vorteile und dann eines Tages den Verlust des Kunden.

Und was wäre langfristig die richtige Methode?

Da gibt es nur eine: Nämlich dem Kunden das zu empfehlen, was er braucht, und nicht das, was dem Berater im Augenblick eventuell mehr Vorteile bringen könnte.

Sie waren elf Jahre beim Gerling-Konzern. Gab es da eine Karriereleiter?

Nein. Es zählten allein die Umsätze, die stets die gleichen Vergütungen brachten. Das war einer der Gründe, weshalb ich später dem IOS-System den Vorzug vor den damals in Deutschland üblichen Praktiken gab. Dort bekam der Erfolgreiche nicht nur mehr Geld. Er wurde auch auf andere Weise belohnt, genoss ein höheres Ansehen.

IOS-Boss Bernard Cornfield war nach Deutschland mit der Idee gekommen, Investmentfonds an der Haustür zu verkaufen. Das hatte es vorher nicht gegeben.

Ich war auch sehr skeptisch. Einige Jahre vorher war ich im Urlaub einem hohen Tier bei IOS begegnet. Der Mann hatte während seiner Studienzeit in Marburg bei den Eltern meiner Frau gewohnt. Er fragte, ob er etwas für mich tun könnte. Ich sagte ihm, IOS sei nichts für mich, von Investment verstünde ich zu wenig. Aber er ließ nicht locker.

Und so wurden Sie 1967 doch für die IOS tätig.

Ja, aber aus einem ganz, ganz anderen Anlass. Eines Tages kam der Anruf, ob ich nicht wenigstens zu einem Gespräch mit James Roosevelt und Bernie Cornfield bereit wäre.

James Roosevelt, der Sohn des 32. Präsidenten der USA, der bei IOS eine Rolle spielte.

Ja. Daran war ich natürlich sehr interessiert. Schließlich war der Name Roosevelt ein Begriff. Also trafen wir uns in Frankfurt, im Café Kranzler. Roosevelt war genauestens über meine Vergangenheit und meinen politischen Hintergrund unterrichtet. Er wusste, dass mein Vater in Bautzen umgekommen war und dass ich aus der SBZ fliehen musste. Er wusste auch um mein politisches Engagement in der FDP. In für mich überzeugender Weise sprach er von den Zielen, die er und Cornfield in Deutschland verfolgen wollten. Sie wollten dem Gedanken des Investmentsparens in Deutschland zum Durchbruch verhelfen. Das war eine in Amerika sehr anerkannte und weitverbreitete Sparform, spielte damals bei uns aber noch gar keine Rolle. Cornfield hatte damit angefangen, dass er den in Europa

stationierten amerikanischen Soldaten – zuerst in Frankreich,
später dann auch in der Bundesrepublik – Investmentspar-
pläne verkaufte.

Investmentfonds gab es damals aber auch schon bei uns.

Ja, aber die Deutschen legten dort kaum Geld an. Den Durchbruch schaffte Cornfield erst, als er Prominente wie Roosevelt
engagierte, um Vertrauen für sein Konzept zu schaffen.

Hat dieses Konzept Sie gleich überzeugt?

Mich beeindruckte nicht zuletzt die gesellschaftspolitische
Dimension. Roosevelt schilderte mir, wie er die Lage ein-
schätzte: Die Deutschen hätten zwar beim Wiederaufbau Be-
achtliches geleistet, wie schon nach dem Ersten Weltkrieg und
nach der Inflation in den zwanziger Jahren. Sie täten sich aber
schwer, privat aus ihrem Geld etwas zu machen. Er war der
Meinung, dass die Deutschen auch deshalb für sozialistisches
oder kommunistisches Gedankengut anfälliger seien als etwa
die Amerikaner, weil die kleinen Leute in Deutschland kein
Eigentum bildeten. Das war der ideologische Hintergrund der
IOS, wenn Sie so wollen. Roosevelt packte mich schließlich
mit dem Hinweis, ich sei doch ein entschiedener Gegner von
Sozialismus und Kommunismus.

Da lag er ja nicht falsch.

(Lacht.) In der Tat. Roosevelt bat mich, für Cornfield und ihn
einen Kontakt zu Ludwig Erhard, dem ehemaligen Bundes-
wirtschaftsminister und Ex-Bundeskanzler, herzustellen. Erhard war für sie der Vater des Wirtschaftswunders in Deutschland, und sie zollten ihm allergrößten Respekt.

Sie sollten also Türen öffnen.

So ist es. Ich ging zu Erhard, den ich kannte, und trug ihm das Anliegen vor. Es kam zu einem Treffen in Zürich. Man bot Erhard den IOS-Verwaltungsratsvorsitz für Deutschland an, Honorar 100 000 Mark im Jahr. Für Erhard war das damals eine unvorstellbare Summe. Es stellte sich heraus, dass Erhard das Investmentsparen ziemlich unbekannt war. Aber er ließ es sich in allen Details erklären.

Er nahm das Angebot aber doch nicht an?

Erhard erbat sich Bedenkzeit. Das Honorar hätte ihn gereizt. Aber permanent durch Deutschland zu reisen, wie man ihm angetragen hatte, und für das Konzept von IOS zu werben, das wollte er dann doch nicht. Also kamen Cornfield und Roosevelt wieder auf mich zu und baten um einen anderen Vorschlag. Ich schlug Erich Mende vor, der im Kabinett Erhard Vizekanzler gewesen war. Nach Erhards Sturz und der Bildung der Großen Koalition aus CDU und SPD war Mende in der FDP nicht mehr sehr gefragt. Aber ich war mit ihm eng befreundet und sprach ihn an. Erich Mende fand das Angebot hochinteressant und sagte zu.

Sie waren damals, im Jahr 1967, aber immer noch beim Gerling-Konzern.

Ja. Erst später wurde ich im Verwaltungsrat von IOS Deutschland Mendes Stellvertreter und übernahm zusätzlich die Position des Geschäftsführers der IOS Versicherungs-Vermittlungs GmbH. Zu der Zeit war IOS sehr erfolgreich und stand in höchstem Ansehen. Der Sozialdemokrat Karl Schiller, der damals Wirtschaftsminister in der Großen Koalition war, erhoffte sich beispielsweise von IOS, dass die behäbigen deutschen Banken durch diese Konkurrenz aufgeweckt würden.

Das hohe Ansehen genoss IOS aber nicht auf Dauer.

Ja, etwa zwei Jahre später änderte sich das. Aber damals, 1967, rief Schiller eines Tages bei Mende an. Es gebe rechtliche Probleme, da in Deutschland nur ein deutsches Unternehmen Versicherungen anbieten dürfe.

IOS offerierte zusätzlich zu den Fonds auch Versicherungen?

Ja, und zwar wurde durch eine Police über einen britischen Versicherer beim Wertpapiersparen die angestrebte Endsumme abgesichert. Das war im Grunde eine Risiko-Lebensversicherung. Aber wie gesagt, ausländische Versicherungen durften damals in Deutschland nicht vertrieben werden. Schiller forderte deshalb IOS über den Deutschland-Repräsentanten Mende auf, diese als Straftatbestand geltende Situation schleunigst aus der Welt zu schaffen. Ich riet Mende, sich doch eine deutsche Versicherung zu suchen, die diese Absicherung anbieten könnte. Im Auftrag Mendes sprach ich mit dem Vorstand des Gerling-Konzerns. Der winkte aber ab, als ihn die großen deutschen Banken warnten, sich mit IOS einzulassen.

Warum das?

IOS beging den Fehler, beim Engagement auf dem deutschen Markt die deutschen Banken als unfähig hinzustellen. Mir wurde schnell klar, dass eigentlich nur die Versicherungsgesellschaft Deutscher Herold in Frage kam, um der hiesigen Rechtslage zu entsprechen. Das war nämlich ein Familienunternehmen und sehr unabhängig. Die Inhaber fanden tatsächlich sofort Gefallen an der Möglichkeit einer Zusammenarbeit mit IOS. So begann auch meine Tätigkeit für die neugegründete IOS Versicherungs-Vermittlungs GmbH. Ich war Mendes Versicherungsexperte. Ich sorgte dafür, dass die IOS-Berater auch rechtlich einwandfreie Versicherungsofferten unterbreiten konnten.

Deutete sich da schon Ihr Allfinanz-Konzept an?

In gewisser Weise, ja. Ich warb bei den Anlageberatern der IOS dafür, nicht nur Risikoversicherungen zur Absicherung der Anlagen anzubieten, sondern auch andere Versicherungen, Unfallversicherungen zum Beispiel. Da deutete sich mein späteres Motto schon an: Vermögensaufbau ohne Absicherung ist wie ein Haus ohne Dach.

In gewisser Weise hat Cornfield also den Markt für Sie vorbereitet.

Er hat die Chancen meines damals entstehenden Konzepts erkannt und geschickt für IOS genutzt. Allerdings wollte er in erster Linie seine eigenen Fonds verkaufen und nicht Versicherungen für eine deutsche Gesellschaft.

IOS hatte ein Vertriebssystem, das völlig anders war als alles, was bisher in Deutschland üblich war.

Richtig. In Deutschland war es üblich, dass Versicherungen nur von festangestellten Mitarbeitern vertrieben wurden. Cornfield war zu Recht der Ansicht, dass der Vertrieb von Fonds und Versicherungen über selbständige Handelsvertreter mehr Erfolg versprach.

*Wie war das bei Ihnen gewesen: Bei Gerling waren Sie als
Direktor angestellt und hatten festangestellte Mitarbeiter, die
Versicherungen verkauften?*

Ja. Ich hatte feste Bezüge und eine Erfolgsbeteiligung.

*Bei IOS lernten Sie dann etwas anderes kennen, nämlich Selb-
ständigkeit.*

Ich habe später das Positive von IOS in die Bonnfinanz mitgenommen. Unter anderem auch, dass es sehr wichtig ist, den
Beratern nicht nur Provisionen zu zahlen, sondern ihre Leistungen auch in anderer Form anzuerkennen. Heute heißt auch
das interne Motto bei uns: Wir bieten mehr als Provisionen.
Aber die elementaren Fehler der IOS habe ich vermieden.

*Welche elementaren Fehler haben IOS und Cornfield denn ge-
macht?*

Mir wurde bald klar, übrigens früher als meinem Freund
Mende, dass die Geschäftspolitik von IOS letztlich scheitern
musste. Gegen die deutschen Banken – ich erwähnte es
schon – konnte IOS auf Dauer keinen Erfolg haben. Zusätzlich
kam IOS in große Schwierigkeiten durch den Crash an der
Börse. Erfolgreiche Berater wurden mit IOS-Aktien vergütet,
statt ihnen mehr Provisionen zu zahlen. Als dann die Aktien
des Unternehmens fielen, waren viele Mitarbeiter im Vertrieb
finanziell am Ende. Und ein Verkäufer, der selbst verschuldet
ist, kann in Vermögensdingen keine Kunden mehr motivieren.

*Was haben Sie noch aus negativen Erfahrungen bei IOS ge-
lernt?*

Statt sich auf die Vermittlungstätigkeit zu beschränken – und da war er ja sehr gut –, ging Cornfield auch in Bereiche, von denen er nichts verstand. So war das mit den eigenen Fonds, und das galt auch für die eigenen Versicherungen sowie seine Immobilien-Angebote.

Diesen Fehler haben Sie bei der DVAG ja vermieden.

Ja. Mein Prinzip war von Anfang an: Ich begnüge mich mit dem Vertrieb von Produkten anderer führender Unternehmen im Finanzbereich. Diese Selbstbeschränkung hat sich auch ausgezahlt.

Haben wir bei den IOS-Fehlern etwas vergessen?

Ganz entscheidend für das Scheitern von IOS war wohl, dass Cornfield das operative Geschäft immer stärker delegiert hat, und zwar häufig an die falschen Leute. Da war er zu vertrauensselig. Er hat auch zunehmend das schöne Leben genossen und die Übersicht über sein Unternehmen verloren. So etwas erleben wir seit ein paar Jahren bei einigen sogenannten Star-Managern ebenfalls.

1972 kam es zum Zusammenbruch von IOS. Da waren Sie schon längst zu neuen Ufern aufgebrochen.

Ja, am 1. Juli 1970 hatte ich die Bonnfinanz gegründet. Der Vorstand des Deutschen Herold war an mich mit der Bitte herangetreten, ein Auffangbecken für IOS-Mitarbeiter zu schaffen. Ich unterbreitete damals den Vorschlag, als neue Gesellschaft die Bonnfinanz zu gründen.

*Kann man sagen, mit der Bonnfinanz wurde die erste Vermö-
gensberatungsgesellschaft gegründet?*

Das kann man so sagen. Ich habe damals als Erster diesen Begriff geprägt. Mitte Juni 1970 war in Bonn das 3. Vermögensbildungsgesetz verabschiedet worden, das 624-Mark-Gesetz.
Das förderte die Vermögensbildung in Arbeitnehmerhand, wie
das damals hieß. Aber man musste das den Leuten erklären.
Ich sah damals die Chance, ein neues Beratungssystem zu
schaffen, das Allfinanz-Konzept. Und dabei versuchte ich, das
Vertriebssystem der deutschen Versicherungen mit dem völlig
anderen System der Amerikaner zu verbinden. So entstand etwas völlig Neues.

Deutscher Herold und Bonnfinanz gehörten ja zusammen.

Der Herold hatte 100 Prozent an der Bonnfinanz. Ich war Chef
der Bonnfinanz und zugleich Generalbevollmächtigter des
Herold. Ich war also angestellter Manager.

*Wie reagierte die »Financial Community«, als Sie mit der
Bonnfinanz anfingen?*

Das war nicht einfach. Die Banken versuchten, eine Vielzahl
von Hindernissen vor uns aufzubauen. Außerdem hatten wir
mit dem negativen Image der IOS zu kämpfen. Es gab auch
heftigen Widerstand des Bundesverbands der Versicherungs-
kaufleute, der die neugeschaffene Berufsbezeichnung Vermögensberater als Etikettenschwindel schmähte. Außerdem be-
haupteten viele sogenannte Experten, mein Konzept sei zum
Scheitern verurteilt, weil es ihnen unmöglich schien, dass ein
Einzelner alles über Versicherungen, Wertpapiersparen, Bausparen und Baufinanzierungen wissen könne.

Als Gegenreaktion gründeten Sie 1973 den Bundesverband Deutscher Vermögensberater. Wie viele Mitglieder hat er heute?

Mehr als 11 000.

Sind das alles Leute von der DVAG oder sind da auch Mitarbeiter der Konkurrenz dabei?

Zu 90 Prozent arbeiten unsere Mitglieder für die Deutsche Vermögensberatung.

Aber andere Unternehmen müssten doch dasselbe Interesse daran haben, den Beruf des Vermögensberaters zu etablieren.

Es sind einige konkurrierende Verbände gegründet worden, die aber keine große Bedeutung haben.

Zurück zur Bonnfinanz: Sie waren dort sehr erfolgreich.

Zu erfolgreich.

Zu erfolgreich? Wie muss man sich das vorstellen?

Bei der Bonnfinanz stellten sich zwei elementare Probleme heraus. Ich setzte auf das Allfinanz-Konzept, auf mein Allfinanz-Konzept. Ich bot Produkte des Deutschen Herold an, aber auch fremde Produkte. Der Deutsche Herold war aber im Grunde nur am Verkauf seiner Versicherungen interessiert. Zweitens gab es Differenzen, weil meine Bonnfinanz-Mitarbeiter andere Interessen hatten als die des Deutschen Herold. Für die Bonnfinanz arbeiteten selbständige Vermögensberater. Beim Herold gab es dagegen nur angestellte Verkäufer.

*Waren diese Meinungsverschiedenheiten so schwerwiegend,
dass Sie sagten, ich muss hier raus?*

Nein, das wollte ich eigentlich nicht. Es kam jedoch anders.
Ich war 1969 aus der FDP ausgetreten und ein Jahr später CDU-
Mitglied geworden. Das Konrad-Adenauer-Haus in Bonn, als
GmbH geführt, stand vor der Pleite, weil die CDU nicht alle
Büros vermieten konnte. Da bat die CDU mich um Hilfe. Ich
verlegte den Sitz der Bonnfinanz in das Adenauer-Haus, mie-
tete gleich vier ganze Etagen und rettete so das Objekt. Die
Bonnfinanz hat natürlich auch von der neuen Adresse profi-
tiert. Viele Menschen deuteten den Firmensitz als Nähe zur
CDU, manche dachten bei Bonnfinanz auch an das Bundes-
finanzministerium. Das alles hat den Chefs des Herold nicht
gepasst. Der Vorstand zwang mich, aus dem Adenauer-Haus
wieder auszuziehen, und baute für die Bonnfinanz eine andere
Zentrale. Das führte natürlich zu zusätzlichen Konflikten.

Und dann sagten Sie: Jetzt reicht es mir?

Es gab den Ausspruch des Schwiegersohns des Firmengrün-
ders, er dulde in seinem Reich keinen Papst. Am 6. Februar
1975 wurde mein Vorstandsvertrag bei der Bonnfinanz nicht
verlängert. Aber ich war als Generalbevollmächtigter weiter
vertraglich an den Herold gebunden, mit noch vier Jahren
Laufzeit. Doch diesen Vertrag habe ich dann gekündigt. Denn
zuvor war die AachenMünchener-Versicherungsgruppe an
mich herangetreten. Mit ihr hatte ich viele Jahre als Vermittler
für ihre Central-Krankenversicherung zusammengearbeitet.

*Da begann dann die enge und intensive Partnerschaft mit der
AachenMünchener-Versicherungsgruppe?*

Mit dieser Gruppe glaubte ich, mein Allfinanz-Konzept verwirklichen zu können, weil hier keine Interessenkollision
wie beim Herold bestand. Die AachenMünchener hatte eine
eigene Lebens-, Sach- und Krankenversicherung, ihr gehörte
die Badenia Bausparkasse, und sie hatte enge Beziehungen
zur Dresdner Bank. Man sagte mir, ich solle die Geschäfte
der Bonnfinanz in einer Gesellschaft der AachenMünchener-
Gruppe weiterführen, und bot mir den Vorstandsposten an.
Doch der Deutsche Herold drohte für diesen Fall mit einem
Rechtsstreit. Daraufhin zog die AachenMünchener-Gruppe
ihr Angebot wieder zurück. Das waren für einen Familienvater im Alter von 47 Jahren nicht gerade ideale Startbedin-
gungen.

Sie wurden sozusagen zum Selbständigen wider Willen.

So war das. Denn es gab eine Reihe von Mitarbeitern der
Bonnfinanz, die mich baten, sie nicht im Stich zu lassen. Da
wagte ich den Schritt, lieh mir 125000 Mark und erwarb die
Firma »Kompass – Gesellschaft für Vermögensanlagen«. Mit
dieser habe ich am 1. Juli 1975 mit dem Aufbau der heutigen
DVAG begonnen. Im März des folgenden Jahres nahm die
Firma »Allgemeine Vermögensberatung« ihre Arbeit auf.

Gehörte die Firma Ihnen allein?

Ursprünglich ja. Ich trug ganz allein auch das unternehmerische Risiko. Das wollte das seinerzeitige Management der
AachenMünchener-Versicherungsgruppe entgegen einer zuvor konkret gegebenen Zusage nicht übernehmen. Das war
eine meiner größten Enttäuschungen in meinem Leben und
führte zu einer sehr nachhaltigen Verbitterung gegenüber dem
seinerzeitigen Vorstand. Erst als sich mein Unternehmen er-

folgreich entwickelte, stieg die AachenMünchener-Versicherungsgruppe mit 50 Prozent ein. Später erkämpfte ich mir dann die Mehrheit zurück.

Kommen wir zurück zu den Anfängen. Wie wurde eigentlich aus der »Allgemeinen« die »Deutsche« Vermögensberatung?

Ich wollte die Gesellschaft eigentlich gleich Deutsche Vermögensberatung nennen. Aber das Amtsgericht Frankfurt genehmigte 1976 die Eintragung nicht, weil ich damals keinen Marktanteil nachweisen konnte, der so groß war, dass er den Namen Deutsche Vermögensberatung gerechtfertigt hätte. Das schaffte ich erst 1983. Da habe ich meine Gesellschaft auch umbenannt.

Im Nachhinein ist die DVAG eine einzige Erfolgsgeschichte. Aber der Anfang war sicherlich nicht so einfach.

Das war ungeheuer schwer. Der Start war bescheiden: Ich zog am 1. Juli 1975 mit zwei Mitarbeitern in zwei Räume der AachenMünchener-Gruppe in Frankfurt ein. Das war dasselbe Haus, in dem die DVAG heute noch ihren Sitz hat – in der Münchener Straße, am Rand des Bankenviertels. Nur gehört das Gebäude inzwischen uns. Aber um auf Ihre Frage zurückzukommen: Ja, es ging dann mit Ausnahme des schwierigen Jahres 1981 ständig bergauf.

Erscheint im Blick zurück nicht manches verklärt? Sie hatten doch 1976 Schwierigkeiten nach einer Fernsehsendung, die Ihren Vertrieb sehr kritisch bewertete. Und 1981 haben gleich 500 Mitarbeiter das Unternehmen verlassen.

In dieser Fernsehsendung richtete sich die Kritik global gegen den Direktvertrieb von Versicherungen durch selbständige Vertriebsgesellschaften. Wir wurden das Opfer von Methoden, die andere Gesellschaften praktizierten. Aber Sie haben recht: In der Tat war unser Weg nach oben streckenweise sehr dornenreich.

Trotz solcher Zwischenfälle gingen die Umsätze regelmäßig nach oben?

Ja, mit den beiden erwähnten Ausnahme-Jahren. Meine Mitarbeiter und ich, wir waren uns bewusst, dass es sich bei den Angriffen um unfaire Vorgänge handelte. Das hat dem Gemeinschaftsgeist sogar gutgetan.

Und der Weggang von 500 Mitarbeitern?

Meine Mitarbeiter müssen sich verpflichten, ausschließlich Produkte anzubieten, die ich zur Verfügung stelle. Daran haben sich diese 500 nicht gehalten, sondern zum Beispiel auch Immobilien angeboten, die ich nicht kontrollieren konnte. Die sind auch nicht freiwillig gegangen. Ich habe die Verträge gekündigt. Das war dann der Grund für den Umsatzrückgang 1981.

Wo hatten Sie 1975 Ihre ersten Mitarbeiter rekrutiert?

Ich begann mit 30 bis 40 Vermögensberatern der Bonnfinanz.

Wie viele sind heute noch dabei?

Schon aus Altersgründen nur ganz wenige. Viele von meinen früheren Mitstreitern waren so erfolgreich, dass sie sich einen vorzeitigen Ruhestand leisten konnten und das auch taten. Aber es gibt noch welche, mit denen ich schon damals zusammenarbeitete.

Ihre Mitarbeiter kommen aus vielen Bereichen. Akademiker oder Bankkaufleute sind kaum darunter.

Heute noch gehört es zu meinen Überzeugungen, dass aus einem Banker nie einer wird, der im Versicherungsgeschäft Erfolg hat, und umgekehrt aus einem Versicherungsprofi nie ein Banker. Deshalb habe ich den Schwerpunkt auf Berufsfremde gelegt. Bei Kompass wie bei der Deutschen Vermögensberatung AG gewann ich zum Beispiel ehemalige Bundeswehrsoldaten für einen neuen Lebensabschnitt. Sie haben große Disziplin und sind bereit, bestimmte Regeln einzuhalten. Nahezu alle wurden auch erfolgreich und gehören zu unseren Besten.

Bevor jemand für Sie zum Kunden gehen kann ...

... muss er eine strenge Ausbildung absolviert haben. Deren Dauer richtet sich nach seiner Eignung, mal ein paar Monate, mal ein Jahr. Unsere Berater müssen viele Zwischenprüfungen ablegen, zum Beispiel auch vor einer Industrie- und Handelskammer. Im eigenen Interesse sorgen auch unsere Partnergesellschaften dafür, dass unsere Vermögensberater sich das notwendige Fachwissen aneignen.

Wieso kümmern sich auch die AachenMünchener oder die Deutsche Bank um die Ausbildung Ihrer Vermögensberater?

Da jedem Berater freigestellt ist, welche Produkte er verkaufen will – keiner muss ein gewisses Volumen an Lebensversicherungen, Bausparverträgen oder Fonds verkaufen –, haben meine Partnergesellschaften ein großes Interesse daran, dass meine Vermögensberater über ihre Produkte bestens Bescheid wissen. Schließlich wollen sie, dass möglichst viele ihre Produkte vertreiben.

Und welche Aufstiegsmöglichkeiten bieten sich Ihren Beratern?

Wir haben ein Aufstiegssystem in sieben Stufen. Jeder Vermögensberater muss als Assistent anfangen, kann dann den Titel eines Agenturleiters erreichen. Jeder folgende Sprung setzt ein bestimmtes Volumen an Verträgen voraus, gepaart mit Qualität – die ist vielseitig messbar. Dann kann er Leiter einer Regionalgeschäftsstelle werden und so weiter. Höchste Stufe ist die Position des Direktionsleiters.

Von welcher Stufe an arbeitet man im Außendienst hauptberuflich?

Ab dem Agenturleiter. Hier muss der Vermögensberater sogar nachweisen, dass keine andere Tätigkeit ausgeübt wird.

Unter Ihren Mitarbeitern herrscht scharfe Konkurrenz. Es gibt keinen Gebietsschutz, keinen Kundenschutz. Jeder konkurriert mit jedem. Stammt das noch von Cornfield?

Nein. Ich habe den Nachteil von Schutzzonen schon bei Gerling erkannt. Ich meine, jeder soll dort arbeiten können, wo er glaubt, besser zu sein als andere.

Sie haben mehrfach erwähnt, wie wichtig neben Geld auch immaterielle Anreize sind.

Der Mensch braucht Anerkennung, die nach außen deutlich wird. Es gibt den alten Spruch: Gib dem Deutschen eine zusätzliche Litze, also einen Streifen mehr auf der Uniform, dann brauchst du ihm nicht mehr Geld zu zahlen. Wir Menschen leben nun mal nicht vom Geld allein.

Und wie sehen bei der DVAG die »Litzen« aus?

Unser Motto heißt ja: »Wir bieten mehr als Provisionen.« Dazu gehören auch andere Leistungen wie die kostenlose Ausbildung, technische Hilfe für die einzelne Agentur, Teilnahme an Auslandsreisen, auch Schiffsreisen. Nicht zu vergessen das Versorgungswerk für unsere Vermögensberater. Wir fühlen uns verpflichtet, unsere Berater umfassend zu betreuen. Bei ganz außergewöhnlichen Leistungen wird ein Berater dadurch belohnt, dass wir ihm in unserer Hotelanlage in Portugal ein Ferienhaus überlassen.

Für einige Wochen im Jahr?

Nein, solange er bei uns ist, steht das wie ein eigenes Ferienhaus nur ihm zur Verfügung. Was noch ganz wichtig ist: Ich beziehe so oft wie möglich die Lebenspartner mit ein. Wenn ich ein Schiff für 3000 Passagiere chartere, dann lade ich eben nicht die 3000 erfolgreichsten Vermögensberater ein, sondern nur 1500. Aber die können ihren Lebenspartner mitbringen. Das macht kein anderes Finanzunternehmen so. Nur eines gibt es nicht: Aktien des Unternehmens für Vermögensberater. Das, was zur Altersvorsorge für unsere Vermögensberater bestimmt ist, wird in Investmentfonds angelegt oder in Lebensversicherungen eingezahlt.

Spätestens dann, wenn Sie zu Reisen auch die Lebenspartner ihrer Mitarbeiter einladen, erfährt er oder sie, an welcher Stelle der Partner in der Hierarchie steht.

Das ist im Interesse des Betroffenen. Sein Partner sieht, wo er steht. Das ist ein zusätzlicher Ansporn.

Wenn einer zu Hause erzählt hat, er sei der wichtigste Mann in der DVAG, aber auf der Kreuzfahrt bekommt er nur eine Innenkabine, dann kann das eine Ehekrise auslösen.

(Lacht.) Nein, nein. Das gibt keine Ehekrise. Aber vielleicht hilft die Ehefrau ihrem Mann künftig stärker, damit er noch erfolgreicher ist. Dann lässt sie ihn künftig eher abends oder am Wochenende zu seinen Kunden.

Abgesehen von all diesen Anreizen: Geld spielt ja auch eine wichtige Rolle. Wie sieht Ihr Provisionssystem aus?

Der Provisionssatz erhöht sich nach einem genau festgelegten System. Es gibt allerdings keine Bestandsprovision für etliche Produkte. Diese Mittel brauchen und verwenden wir, um alle umfangreichen Leistungen für unsere Vermögensberater zu finanzieren. Dazu gehören die gesamte Verwaltung, alle Hilfen für die tägliche Arbeit unserer Vermögensberater, unsere Datenverarbeitungsprogramme, die Ausbildung und vieles mehr. Aber wir zahlen schon auch Folgeprovisionen für viele unserer Produkte. Zum Beispiel bei allen Sach-, Kfz- und Unfallversicherungen, und das in einem nennenswerten Umfang.

Wenn jemand eine Riester-Rente abschließt …

… kriegt er nur einmal Geld. Zusätzlich verdient er allerdings, wenn der Kunde seine Prämienzahlung erhöht. Die Produkte haben für den Berater nicht alle die gleiche Rentabilität.

Wie viele Frauen haben Sie eigentlich unter Ihren Vermögens- beratern?

Im Augenblick knapp 30 Prozent. Bei der Bonnfinanz hatte ich mehr. Im Grunde eignen sich Frauen viel besser für diesen Be- ruf. Frauen bekommen prinzipiell bei uns dieselbe Chance, müssen sich aber durchsetzen. Ich wünschte, es würden immer mehr, und deshalb fördere ich das auch. Immerhin gehört mit Frau Dr. Sabina Gerhart seit vielen Jahren eine Frau unserem Vorstand an, und zwar als Finanzchefin. Etwas Vergleichbares finden Sie in keinem DAX-Unternehmen.

Sprechen wir über Ihre Kunden. Wie alt sind sie im Durch- schnitt?

Unsere Vermögensberater sind im Schnitt etwa 41 Jahre alt. Unsere Kunden sind im Durchschnitt etwas älter. In der Al- tersgruppe der 25- bis 44-Jährigen haben wir einen überdurch- schnittlichen Marktanteil von etwa acht Prozent. Das ist ein erhebliches Kapital. Denn gerade diese Altersgruppe muss dringend etwas für die private Altersvorsorge tun.

Ihre Kunden sind wohl eher die kleinen Leute?

Es ist die Mittelschicht, man kann sagen: Otto Normalver- braucher.

Das durchschnittliche Haushaltseinkommen in Deutschland liegt bei etwa 30 000 Euro im Jahr.

Das unserer Kunden liegt schon nennenswert darüber.

Könnte man also sagen, was Josef Neckermann für den Tourismus war, ist Reinfried Pohl für den Kapitalmarkt? Also: Reinfried Pohl, der Neckermann der Vorsorge!

Das könnte man schon sagen. Ich habe mich immer zuallererst für den normalen Bürger interessiert, für die breite Menge, nicht für die Spitzenverdiener. Wir setzen nicht auf Zielgruppen wie zum Beispiel Akademiker. Wir liefern sozusagen die Grundnahrungsmittel beim Aufbau und bei der Absicherung von Vermögen. Und das schließt sehr komplizierte oder sehr riskante Produkte aus. Ich schärfe meinen Vermögensberatern immer ein: Ihr seid wie Hausärzte, ihr kümmert euch um das allgemeine Befinden eurer Kunden. Wenn aber ein Kunde ganz spezielle Lösungen braucht, dann muss er zu einem Spezialisten gehen. Den Weg dorthin kennen wir und zeigen ihn gern.

Wer von der DVAG beraten wird, der legt also sein Geld eher konservativ als risikoreich an.

Zu 90 Prozent konservativ. Nach dem Platzen der Internet-Blase und nach der Lehman-Pleite geht ohnehin Sicherheit vor. Die Enttäuschung über die hohen Verluste bei Aktien steckt den Deutschen tief in den Knochen. Viele haben das Desaster bei der T-Aktie bis heute nicht verwunden. Ich habe meinen Vermögensberatern immer gepredigt: Es ist besser, ihr habt auf Dauer Bier, Schnitzel und Kartoffelsalat als für kurze Zeit Champagner und Kaviar. So beraten die auch ihre Kunden.

Hat sich das für Ihre Kunden auch während der Finanzkrise von 2008 ausgezahlt?

Ja, die waren eigentlich nur in geringem Umfang betroffen. Unsere Fonds haben unter der Marktentwicklung gelitten. Aber dadurch, dass wir keine einzelnen Aktien anbieten, sondern nur Aktien in Fonds, haben wir unsere Kunden in gewisser Weise schützen können. Wir werben mit dieser relativen Sicherheit gegenüber dem Kauf von Einzelwerten. Schon während des IT-Booms haben wir speziell auf den Neuen Markt zugeschnittene Fonds erst gar nicht angeboten – und jetzt keine Lehman-Papiere.

Ein anderer, wenig bekannter Aspekt Ihrer Unternehmertätigkeit sind die vier Luxus-Hotels der Vila-Vita-Gruppe, die Sie betreiben. Aber einen Hotelier darf man Sie dennoch nicht nennen?

(Lacht.) Ich bin zu diesen Hotels gekommen, weil ich meinen Mitarbeitern auch die Welt öffnen wollte. Ich habe besondere Leistungen gern mit Reisen ins Ausland belohnt. So sind viele Vermögensberater mit uns zum ersten Mal in ein Flugzeug gestiegen. Logiert haben wir immer in fremden Hotels, auch bei unseren Schulungen. Das hat viel Geld gekostet. Da habe ich im Burgenland eine Ferienanlage zunächst gemietet, dann gekauft: Pannonia am Neusiedler See. Später bauten wir in Portugal, unter anderem die große Anlage Vila Vita Parc an der Algarve. In Amerika, in Kalifornien, haben wir einige Appartements. Dann kam der Rosenpark in Marburg hinzu, zuvor das Burghotel Dinklage.

Die nutzen Sie alle als Schulungs- und Begegnungsstätten?

Ja, so ist eine Hotel-Gruppe entstanden. Ich bin also gewissermaßen Hobby-Hotelier. Aber diese Häuser stehen auch zahlenden Gästen offen. Expansionspläne habe ich jedoch nicht.

Sie sind jetzt über 80 Jahre alt. Haben Sie schon mal an Rückzug gedacht?

Ich glaube, das meiste von dem, was ich mir vorgenommen hatte, habe ich mit meinem Lebenswerk erfüllt. Jetzt denke ich in der Tat über etwas mehr Zeit für die Familien meiner beiden Söhne und meine acht Enkel oder für meine Hobbys nach. Der Wunsch, etwas langsamer den Tag anzugehen, wird also stärker. Aber als großer Karl-May-Fan weiß ich, dass die Indianer nicht ohne Grund immer die Ältesten, Erfahrensten zu ihren Häuptlingen wählten. Es gibt niemanden, der eine so große, in mehr als fünf Jahrzehnten erworbene Vertriebserfahrung hat wie ich, und diese möchte ich schon noch einige Zeit weitergeben.

Sie könnten den Vorsitz im Aufsichtsrat übernehmen, und Ihre Söhne gehen in den Vorstand.

Meine Söhne stehen ja in der Holding bereits ganz oben. Außerdem habe ich schon gewisse Vorbereitungen dadurch getroffen, dass ich nicht länger Alleinvorstand bin und mich aus dem Tagesgeschäft weitgehend zurückgezogen habe. Aber im Ruhestand fühle ich mich noch nicht.

Jeden erfolgreichen Gründer beschäftigt die Frage: Wie sichere ich mein Lebenswerk? Ginge es ohne Sie nahtlos weiter?

Das glaube ich schon. Ich habe in den vergangenen Jahrzehnten so viel an Substanz geschaffen, dass dies ausreicht, den einen oder anderen Windstoß auszuhalten. Meine Söhne haben an meiner Seite alles miterlebt und wissen, worauf es entscheidend ankommt. Das Gebäude Deutsche Vermögensberatung, kann man sagen, ist weitgehend erdbebensicher. Das hat sich ja gerade in der Finanzkrise deutlich gezeigt. Das Krisenjahr 2009 war mit einem Umsatz von mehr als einer Milliarde Euro unser zweitbestes Jahr aller Zeiten.

4
Partner und Konkurrenten

»Zwischen kapieren und kopieren besteht ein großer
Unterschied«

*Sie haben keine eigenen Produkte, sondern vertreiben seit
Gründung der DVAG die Angebote von Versicherungen, Bausparkassen und Banken. Ihr wichtigster Partner war und ist
die AachenMünchener, die wiederum der Generali Holding
gehört.*

Richtig.

*Sprechen wir also über die Generali Holding in Köln. Sie ver-
treiben nicht nur die Versicherungen und Bausparverträge
der Generali-Gesellschaften; die Generali ist sogar mit knapp
40 Prozent an der DVAG beteiligt.*

Ja, das sorgt für Kontinuität, zumal die italienische Genera-
li-Gruppe seit 1998 Mehrheitsgesellschafter bei der Aachen-
Münchener-Versicherungsgruppe ist. Das gibt uns zusätzlich
Sicherheit. Denn die Gefahr, dass eine andere Gesellschaft
die AachenMünchener-Gruppe übernimmt, die sehe ich damit
nicht. Und das ist ganz wichtig für unsere Berater: Nichts ist
abträglicher für das Geschäft, als ständig andere Produkte anbieten zu müssen.

*Die Generali ist ja eine Macht auf dem europäischen Ver-
sicherungsmarkt.*

Das kann man wohl sagen. Generali, Allianz und Axa, das sind die großen drei in Europa.

Wie hat die Übernahme der AachenMünchener durch Generali die Zusammenarbeit mit der Deutschen Vermögensberatung verändert?

Die Zusammenarbeit ist noch enger und noch angenehmer geworden. Dazu trägt der Managing Director der Generali, Dr. Sergio Balbinot, ganz entscheidend bei. Zwischen ihm und meiner Familie hat sich eine enge, ja freundschaftliche Verbindung entwickelt, wir vertrauen einander und arbeiten sehr gut zusammen. Mein Sohn Reinfried gehört ja auch dem Verwaltungsrat der Generali, dem höchsten Organ dieser Gesellschaft, an. Was mich aber besonders freut, ist die Tatsache, dass Dr. Balbinot und meine Söhne ebenfalls sehr gut harmonieren und sich gegenseitig sehr schätzen. Dabei hilft sicher, dass Dr. Balbinot und meine Söhne der gleichen Generation angehören.

Die AachenMünchener-Gruppe ist seit mehr als 30 Jahren Ihr Partner bei Versicherungen. Dieselbe Kontinuität gibt es auch beim Bausparen. Da vertreiben Sie seit eh und je die Angebote der Badenia.

Ja, von Anfang an. Denn sie gehört zum AachenMünchener-Konzern.

Diese enge Verbindung von AachenMünchener und Deutscher Vermögensberatung bedeutet doch, dass Ihre Vermögensberater einem Kunden zum Beispiel nur Lebensversicherungen der AachenMünchener anbieten. Ist das nicht ein Nachteil gegenüber anderen Finanzvertrieben, deren Berater Lebensversicherungen mehrerer Anbieter vermitteln können?

Ob sich jemand nun Vermögensberater, Wertpapierberater oder Anlageberater nennt: Wenn er feststellt, der Kunde braucht eine Lebensversicherung, dann wird er ihm eine verkaufen wollen. Da wird der Kunde fragen, ja welche empfehlen Sie mir denn? Und da können meine Mitarbeiter sagen, ich empfehle Ihnen die verschiedenen Angebote der AachenMünchener …

Aber Ihre Wettbewerber können mit einer ganzen Palette auf-trumpfen, mit sechs, sieben, acht verschiedenen Anbietern.

Sicher. Aber der Kunde wird sagen, geben Sie mir das Beste. Da kommen die anderen in große Schwierigkeiten: Wenn einer sagt, Produkt A ist das mit Abstand beste, dann wird der Kunde fragen, ja warum bieten Sie dann auch noch die anderen, also die angeblich schlechteren, an?

Nun ja, es gibt ja immer wieder Ranglisten, zum Beispiel welche Lebensversicherungen die höchsten Renditen bieten.

Ach, wissen Sie: Das ist wie bei Kühlschrank-Tests. Heute liegt die eine Marke vorn, morgen eine andere und übermorgen eine dritte. Meine Berater bieten ganz unterschiedliche Produkte der AachenMünchener an. Das sind alles sehr solide, sehr gute Produkte. Sonst wäre die AachenMünchener ja nicht zur Nummer zwei unter den Lebensversicherern aufgestiegen. Und wenn es ein Nachteil wäre, nur Produkte eines Versicherers anzubieten, dann wäre die Deutsche Vermögensberatung nicht so viel größer als die anderen Finanzvertriebe. Also, ich sehe da überhaupt keine Probleme.

Sie waren jahrzehntelang gleichzeitig Partner und Konkurrent der AachenMünchener. Denn die Versicherungsgesellschaft hatte ja einen eigenen Vertrieb.

Das haben Sie richtig formuliert. Die AachenMünchener
lebte bei den Lebensversicherungen zu 90 Prozent von den Poli-
cen, die meine Berater ihr schrankfertig geliefert haben. Ich
kann deshalb für mich in Anspruch nehmen, dass ohne mein
Wirken, dass ohne die Deutsche Vermögensberatung AG die
AachenMünchener Leben heute nicht auf Platz zwei unter
100 Lebensversicherungsgesellschaften in Deutschland läge
und sie nicht die einst viel größere Volksfürsorge hinter sich ge-
lassen hätte.

*Seit 2007 ist Ihre Partnerschaft noch enger geworden, da die
Deutsche Vermögensberatung nunmehr den gesamten Vertrieb der AachenMünchener übernommen hat.*

Ja, mit der Übernahme des gesamten Vertriebs haben wir –
nach der Einführung des Allfinanz-Konzepts – ein zweites
Mal Finanzgeschichte geschrieben. Es ist uns gelungen, etwas
Einmaliges in der fast 200-jährigen Geschichte des deutschen
Versicherungswesens zu schaffen, nämlich eine ebenso klare
wie vernünftige Trennung von Produktion und Vertrieb in
einem für die Menschen lebensnotwendigen Wirtschaftsbe-
reich, der Versicherungsbranche.

*War das eigentlich Ihre Idee? Oder wollte die AachenMünche-
ner das so?*

Ich will das mal so formulieren: Es war eine meiner schwie-
rigsten Aufgaben in meiner beruflichen Tätigkeit. Wir haben
das erfolgreich abgeschlossen, und darauf sind wir ganz besonders stolz. Es gibt keine vergleichbare Situation, dass ein
ganz Großer, der zweitgrößte Lebensversicherer, einem anderen, in diesem Fall der DVAG, den eigenen noch verbliebenen
Vertrieb anvertraut und wir als eigenständiges Unternehmen

künftig im Markt für die AachenMünchener tätig sind. Wir –
unsere einzigartige Berufsgemeinschaft Deutsche Vermögensberatung – und die AachenMünchener-Leben sind in 35-jähri-
ger Zusammenarbeit ganz eng zusammengewachsen. Der Erfolg des einen Partners führt da automatisch zum Erfolg des
anderen – und umgekehrt.

*Als die AachenMünchener ihren eigenen Außendienst aufge-
geben hat, verloren viele AM-Vertreter plötzlich ihre berufliche Heimat, standen faktisch vor dem Nichts, oder?*

Nein, das ist natürlich nicht passiert. Wir haben allen 1800
Mitarbeitern im Außendienst angeboten, zu uns zu kommen.
Wir hatten gehofft, es kämen etwa 80 Prozent. Tatsächlich wa-
ren es aber 92 Prozent.

*Das wäre ja eigentlich eine Chance für Ihre Konkurrenten ge-
wesen, neue Mitarbeiter zu gewinnen.*

In der Tat. Bei der Allianz hat man ganz offen zugegeben: Wir
hatten gehofft, die Hälfte der AM-Agenturen zu uns herüber-
zuziehen. Aber das ist ihnen nicht gelungen – bei weitem nicht
gelungen.

*Ist es nicht schwierig, den völlig anders strukturierten AM-
Vertrieb in die Deutsche Vermögensberatung zu integrieren?*

Ja, da gibt es natürlich die eine oder andere Schwierigkeit. Da
geht es auch um viele technische Fragen wie die der alten Provisionen und so weiter. Deshalb haben wir die ehemaligen
AM-Mitarbeiter zunächst einmal in der neugegründeten Allfinanz Deutsche Vermögensberatung AG zusammengefasst.

Wie lange wird es wohl dauern, bis diese neuen Vermögensberater voll integriert sind?

Dieser Prozess ist bereits abgeschlossen. Unsere neuen Kollegen fühlen sich längst wohl bei uns. Wenn ich einen ehemaligen Direktionsleiter der AM anrufe und ihn frage, ob er den Wechsel bereut habe, dann höre ich oft die Antwort:»Doktor, ich mache Ihnen den Vorwurf, uns nicht schon vor zehn Jahren zur DVAG geholt zu haben.« Da muss ich zugeben: Mit solchen Vorwürfen kann man leben. Aber das zeigt, dass unsere familiäre Berufsgemeinschaft eines unserer entscheidenden Alleinstellungsmerkmale ist. Wir haben eben dieses Wir-Gefühl, das andere nicht haben. Und das ist unbezahlbar.

Inzwischen hat ja auch die Bausparkasse Badenia keinen eigenen Vertrieb mehr.

Ja, auch dort vertraut man seit Herbst 2007 allein unseren Vermögensberatern. Wir haben allen 180 Vermittlern des Badenia-Stammvertriebs ein Übernahmeangebot gemacht. Und nahezu alle haben es angenommen.

Die AachenMünchener verlässt sich beim Vertrieb ganz auf Sie. Andererseits ist die Generali Holding mit knapp 40 Prozent an der Deutschen Vermögensberatung AG beteiligt. Da kann die Generali doch auch auf Sie Einfluss nehmen, oder etwa nicht?

Also, die Generali hat als Mitaktionärin überhaupt keinen Einfluss auf das, was bei uns geschieht. Sie ist im Aufsichtsrat vertreten, ja. Aber sie kann nicht bestimmen, wer bei uns Vorstand wird. Sie kann auch sonst nicht in die Geschäftspolitik eingreifen. Das war übrigens auch nicht anders, als die

Generali bei uns noch mit knapp 50 Prozent beteiligt war. Meinen Sie, ich hätte die Generali gefragt, ob ich mit der Deutschen Bank zusammenarbeite? Das haben die aus der Zeitung erfahren. Das ist halt das Entscheidende für unseren Erfolg: Ich kann völlig eigenständig handeln.

Jetzt haben wir lange über die AachenMünchener gesprochen, Ihren Versicherungspartner der ersten Stunde. Bei den Investmentfonds dagegen gab es keine Kontinuität, sondern wechselnde Partner.

Bei den Produkten, die es bei der Generali Deutschland Holding nicht gibt, habe ich freie Hand. Ich habe zunächst die Fonds der Dresdner Bank angeboten, da waren wir der Hauptvertriebskanal für die dit-Fonds. Das änderte sich, als die Allianz die Dresdner Bank übernahm. Denn die Allianz ist ja unser größter Konkurrent im Markt.

Seit 2001 ist die Deutsche Bank Ihr wichtigster Partner bei den Fonds. Haben Sie den Wechsel jemals bereut?

Im Gegenteil: Gerade in der Finanzkrise erweist sich die Deutsche Bank als stabilster und stärkster aller möglichen Bankpartner. Ich habe es ja schon an anderer Stelle unseres Gesprächs gesagt: Die »Deutsche« ist nun mal die größte Bank und damit auch die sicherste. Deshalb bin ich ein bisschen stolz, vor Jahren die Partnerschaft zwischen Deutscher Vermögensberatung und Deutscher Bank begründet zu haben.

Da haben Sie offenbar früher an später gedacht.

(Lacht.) Ja, so kann man das sagen.

Kommen wir zum aktuellen Geschäft. Welche Fonds der Deutschen Bank bieten Sie an?

Die Fonds der DWS, die für den Direktvertrieb geeignet sind. Wir sind der mobile Vertrieb der Deutschen Bank. Zudem sind wir auf deren Wunsch auch im Kreditgeschäft tätig.

Das klingt, als sei Ihnen das nicht so ganz recht?

Ich wollte eigentlich nie Kredite, also Schulden, verkaufen. Aber das ist ein derart großer Markt, dass ich um dieses Geschäft nicht herumkomme. Wir bieten natürlich schon immer auch Baufinanzierungen an. Die Rückbesinnung der Deutschen Bank auf das Geschäft mit kleinen Privatkunden ist auch für uns eine große Chance. Umgekehrt sehen die Filialdirektoren der Bank in uns ihre Helfer: Wir bringen ihnen ständig neue Kunden ins Haus.

Das verstehe ich nicht. Ihre Berater kommen zu den Kunden nach Hause. Wieso bringen Sie dann der Deutschen Bank Kunden in die Filialen?

Das hat mit der besonderen Stellung der Vermögensberater zu tun. Die kennen die finanziellen und persönlichen Verhältnisse ihrer Kunden sehr genau. Und wenn dann jemand Schwierigkeiten hat, dann fragt er seinen Berater oft um Rat. Der empfiehlt dann beispielsweise die Deutsche Bank. Man darf ja nicht übersehen, dass die Schwellenangst vieler Deutscher gegenüber Großbanken nach wie vor sehr groß ist. Diese Scheu ist zwar nicht mehr ganz so groß wie früher, seitdem der Ruf der Banken sehr gelitten hat. Aber diese Schwellenangst gibt es immer noch. Das gilt besonders im ländlichen Raum, wo wir sehr viele Kunden haben. Notfalls nimmt der Berater seinen Kunden an der Hand und geht persönlich mit ihm zur Bank.

Die Deutsche Vermögensberatung und die Deutsche Bank sind ja zwei höchst unterschiedliche Unternehmen, mit völlig anderer Geschichte und Struktur, mit verschiedenen Geschäftsmodellen und Führungsstilen. War da nicht ein »clash of cultures«, ein Kulturkampf, zu befürchten?

Wir haben im Augenblick ein sehr friedliches und freundschaftliches Verhältnis. Und jeder Filialdirektor der Deutschen Bank freut sich, wenn einer unserer Vermögensberater kommt und ihm Kunden bringt. Wir profitieren da von den besonderen Verhältnissen in mittelgroßen Städten, wo jeder jeden kennt. Da will nicht jeder, dass die örtliche Sparkasse oder Volksbank alles über seine Einkommens- und Vermögensverhältnisse weiß. Das hatten schon die Anlageberater von IOS ausgenutzt und Menschen die Möglichkeit geboten, Geld anzulegen, ohne dass die eigene Sparkasse oder Volksbank das erfährt.

Noch mal zurück zur unterschiedlichen Unternehmenskultur.

Als ein führender Mann von der Deutschen Bank zur Dresdner Bank ging, hat er unendlich viel Wissen über unser Vertriebssystem mitgenommen. Wie ich ja überhaupt viel kopiert werde. Meinen Mitarbeitern, die sich deswegen Sorgen machen, sage ich zur Beruhigung immer: Zwischen kopieren und kapieren ist ein Unterschied. So hatte ich nach der Fusion von Allianz und Dresdner Bank auch bezweifelt, dass alle Allianz-Agenturen erfolgreich Kunden für die Dresdner Bank gewinnen werden. Selbst dann nicht, wenn sie bessere Konditionen als die Mitarbeiter in den Bank-Filialen anbieten können. Und in dieser Skepsis bin ich ja sehr schnell bestätigt worden. Die Dresdner hat der Allianz bekanntlich nichts gebracht – außer hohen Verlusten. Und inzwischen ist die Dresdner vom Markt verschwunden.

Wer ausschließlich fremde Produkte vertreibt, der muss ja wohl auf die Qualität dieser Produkte vertrauen können.

Ja. So wie der Kraftfahrzeughändler darauf vertrauen muss, dass der Hersteller gute Autos liefert. Allerdings habe ich durch meine Marktmacht eine starke Kontrollfunktion. So liefen 80 bis 90 Prozent des Neugeschäfts an Lebensversicherungen der AachenMünchener über uns, seit 2007 sind das sogar 100 Prozent. Der »Hersteller« ist in diesem Fall weitgehend abhängig vom Vertrieb. Damit habe ich die Möglichkeit, gegebenenfalls zu sagen: Leute, das müsst ihr anders machen. Etwa, wenn der Kundenservice nicht in Ordnung ist. Oder ich verkaufe einfach nicht mehr eine bestimmte Rechtsschutz-Versicherung, wenn ich glaube, das Produkt ist zu teuer. Ich habe da eine sehr große Freiheit.

Aber hat ein Finanzvertrieb, der Produkte verschiedener Versicherer anbietet, nicht eine ähnlich große Freiheit?

Wer Produkte mehrerer Gesellschaften anbietet, ist für die einzelnen Versicherer nie so wichtig, wie wir das für die Aachen-Münchener und DWS sind. Wer so viel Neugeschäft beisteuert wie wir, auf den muss man hören. So einfach ist das. Und wenn gar mehrere Produktgeber, insbesondere Versicherungen, an einem eigenständigen Finanzvertrieb beteiligt sind, dann hat der Vertrieb überhaupt keinen Einfluss auf die Produkte. Im Gegenteil: Jede dieser Versicherungen fordert, dass der Vertrieb sich für ihre Produkte besonders anstrengt. Das aber ist für den Vertrieb nicht wachstumsfördernd, sondern äußerst hemmend. Denn man kann nicht gleichzeitig mehrere Hasen jagen.

Die DVAG ist in Deutschland nach eigenen Angaben der größte eigenständige Finanzvertrieb. Wie messen Sie das?

Der zentrale Maßstab ist das Umsatzvolumen. Auch die Zahl der Kunden und Mitarbeiter ist sehr aussagekräftig. In Deutschland sind unsere Umsatzerlöse höher als die addierten Inlandsumsätze unserer Mitbewerber AWD und MLP. Auch bei der Zahl der Kunden liegen wir weit vorn: AWD plus MLP bringen es auf gut die Hälfte unserer Kunden. Dasselbe gilt für die Zahl der Vermögensberater: Auch hier sind wir weitaus stärker als AWD und MLP zusammen. Die und die übrigen größeren Finanzvertriebe stehen uns längst nicht mehr im Weg. Sie sind praktisch allesamt gescheitert.

Klingt das – mit Verlaub – nicht etwas überheblich?

Schauen wir uns doch den AWD an. Sein Chef, Herr Maschmeyer, prahlte jahrelang, uns von Platz eins zu verdrängen. Um dieses Ziel zu erreichen, kaufte er einen Finanzvertrieb nach dem anderen, überall in der Welt. Es waren fast alles Fehlinvestitionen. In Österreich sieht sich der AWD sogar mit dem größten Schadenersatzprozess des Landes mit voraussichtlich über 8000 Klägern konfrontiert.

Herr Maschmeyer hat ja den AWD längst an SwissLife verkauft.

Offenbar verließ da jemand rechtzeitig das sinkende Schiff. Erst versprach Herr Maschmeyer, seine Aktienmehrheit nie-

mals aufzugeben. Er tat es trotzdem. Daraufhin verließen ihn
Hunderte von Mitarbeitern und gründeten den Finanzvertrieb
Formaxx. Er sagte auch, mindestens noch fünf Jahre AWD-
Chef zu bleiben. Auch dieses Versprechen hielt er nicht. Jetzt
hat AWD einen anderen Chef. Und Herr Maschmeyer taucht
hauptsächlich in den Klatschspalten als Begleiter einer Schau-
spielerin auf.

Für den AWD war die Übernahme durch SwissLife jedenfalls
ein gelungener Selbstmordversuch, während die Schweizer
sich unbedingt selbst verstümmeln wollten. Die SwissLife ist
aber groß genug, um dadurch nicht selber in Gefahr zu kommen. Der AWD gehört jetzt zu 100 Prozent zur SwissLife;
der ist weder eigenständig noch unabhängig. Herr Maschmeyer selber ist ja offenbar todunglücklich, wenn er sieht, wie
sich der AWD entwickelt. Im Sommer 2010 hat er in einem
Interview darüber geklagt, dass beim AWD die Motivation
der Mitarbeiter am Boden sei. Maschmeyer sagte wörtlich:
»Bei DVAG sind leidenschaftliche Vertriebler im Vorstand,
bei AWD sind zurzeit mehr Technokraten und Administrato-
ren am Ruder.«

*Das ist doch ein tolles Kompliment Ihres einstigen schärfsten
Konkurrenten.*

(Lacht.) Ich kann und will die Urteilskraft von Herrn Maschmeyer in diesem Punkt nicht anzweifeln.

*Nun ist es weder AWD noch MLP gelungen, Sie einzuholen
oder gar zu überholen. Aber es könnte ja ein anderer kommen,
ein Unternehmen wie die DVAG gründen und einen ähnlichen
Erfolg haben?*

Nein, ich glaube nicht, dass es jemandem gelingen würde, nochmals ein ebenso erfolgreiches wie unvergleichliches Unternehmen in Deutschland aufzubauen.

Und warum nicht?

Sicherlich können immer neue Anbieter kommen, vor allem solche, die sich auf bestimmte Teilmärkte konzentrieren. Die Frage ist aber, ob sie so groß werden könnten, wie wir sind. AWD und MLP haben das jedenfalls nicht geschafft.

Sie müssen da immer auch die Interessenlage der Anbieter im Auge haben, also der Versicherungen, Bausparkassen und Banken. Die AachenMünchener lebt von uns. Sie hat ja sogar ihren eigenen Vertrieb aufgegeben und verlässt sich ausschließlich auf unsere Vermögensberater. Auch die Deutsche Bank könnte es sich nicht leisten, ihre Produkte über eine andere Gesellschaft zu vertreiben, wenn sie uns nicht verlieren will. Ich habe auch keine Sorge, dass unsere Partner auf solche Ideen kommen könnten. Warum sollten sie auch? Meine Partner haben ja die ideale Chance erkannt, dass wir ihnen das Wichtigste abnehmen, nämlich den Vertrieb. Und dass wir da besser sind als andere. Wir liefern ihnen die Verträge sozusagen schrankfertig. Das ist für unsere Partner geradezu ein Gottesgeschenk.

Ich bin schon der Meinung, dass ich hier etwas auf den Weg gebracht habe, was Bestand hat, was eine enorme Basis hat. Wir haben Milliarden investiert in den Aufbau der Infrastruktur, der Berufsbildungszentren, in die Technologie. Ich kann mir nicht vorstellen, dass eines Tages jemand kommt und uns unsere Position als Marktführer erfolgreich streitig macht. In Deutschland allemal nicht. Hier sehen wir uns als uneinholbar.

Aber seit es die Deutsche Vermögensberatung gibt, gibt es Versuche, Ihr Konzept nachzuahmen.

So ist es.

Nachahmung ist bekanntlich die höchste Form der Anerkennung.

In der Tat. Ich freue mich, wenn Banken und Sparkassen plötzlich – was sie früher ablehnten – auch direkt zum Kunden gehen. Das bestätigt nur unser Konzept. Uns hilft bei dieser Konkurrenz unsere Form der Mitarbeiterentlohnung. Welcher Angestellte einer Bank oder Sparkasse bekommt höhere Bezüge, wenn er mehr Kunden berät? Und wer geht schon abends oder am Wochenende zu den Kunden nach Hause? Bei uns zahlt sich das hingegen aus.

Könnten sich die Volksbanken und Sparkassen zu härteren Konkurrenten für Sie entwickeln als die anderen Finanzvertriebe?

Die Banken und Sparkassen sind mit ihren bisherigen Versuchen, uns nachzuahmen, gescheitert. Nirgendwo können sie mit ihren mobilen Vertrieben Erfolge vorweisen. Banken und Sparkassen sind eben wie Behörden. Sie kennen keine berufliche Familiengemeinschaft. Sie bieten ihren Mitarbeitern zwar viele Kontaktadressen, aber keine Perspektiven an. Sie kennen keine leistungsabhängige Vergütung, kein Aufstiegssystem wie bei uns.

Aber Millionen von Menschen sind nun mal Kunden bei Sparkassen und Volksbanken.

Wir sind uns durchaus bewusst, welche Marktmacht die Volksbanken und Sparkassen haben. Die kennen jede Kontobewegung ihrer Kunden, die wissen über deren Vermögensverhältnisse bestens Bescheid. Wir müssen deshalb vermuten, dass diese Institute genau registrieren, ob ein Kunde beispielsweise DWS-Fonds kauft. Da kann man nicht ausschließen, dass solche Kunden darauf angesprochen werden.

Macht Ihnen das große Sorgen?

Nein. Denn bisher ist eine meiner zentralen Erfahrungen noch nicht widerlegt worden: Zwischen kopieren und kapieren besteht ein großer Unterschied.

5
Der Mensch

»Schlimme Erlebnisse wirken wie eine Impfung«

Ihr Lebenslauf spiegelt große Teile der deutschen Geschichte des 20. Jahrhunderts wider. Sie waren im Krieg noch Flakhelfer und Soldat, wurden aus dem Sudetenland vertrieben, mussten aus der Sowjetisch Besetzten Zone fliehen, haben die Wirtschaftswunderjahre aktiv mitgestaltet. Wie hat Sie das geprägt?

Gerade in jungen Jahren haben gewisse Ereignisse eine nachhaltige Wirkung. In den Jahren bis zu meinem 20. Geburtstag, als ich schließlich in Marburg landete, folgte ein einschneidendes Erlebnis dem anderen. Ich stand immer wieder vor unerwarteten Situationen, die überwiegend negativ waren, als Krise gesehen werden mussten. Solche Erlebnisse wirken wie eine Art Impfung, möchte ich mal sagen.

Das macht einen härter.

Nach dem Motto: Wenn du das bestanden hast, wirst du auch anderes überstehen. Es macht einen also auch zuversichtlicher.

Könnte man sagen, wenn Reinfried Pohl unter anderen Verhältnissen, ohne Krieg aufgewachsen wäre, wäre er nicht ein so erfolgreicher Unternehmer geworden?

Das sehe ich auch so.

Sie wurden in Zwickau im Sudetenland geboren, haben dort die Kindheit verbracht. Als Sie zehn Jahre alt waren, kam diese Region durch das Münchner Abkommen »heim ins Reich«, wie das damals hieß.

Ich kann mich ganz genau an die Zeit vor der Eingliederung 1938 erinnern. Diese Kindheitseindrücke hatten zur Folge, dass ich mich in meinem Leben stets für politisches Geschehen interessierte. Ich habe schon als Schüler mit sechs Jahren erleben müssen, dass mir etwas abverlangt wurde, was ich nicht wollte, beispielsweise in der deutschen Schule die tschechische Sprache zu lernen. Ich erlebte, dass wir Angst haben mussten, wenn wir weiße Kniestrümpfe trugen, denn das war für die Tschechen ein Affront, eine Provokation. Ich machte als Kind schon Wahlkämpfe mit, ich musste Plakate kleben. So wurde ich ganz früh in die Politik einbezogen. Politisiert wurde ich auch dadurch, dass mein Vater Beamter in der Finanzbehörde gewesen und in den zwanziger Jahren entlassen worden war, weil alle diese Positionen von Tschechen besetzt wurden.

Also hat Politik zu Hause eine Rolle gespielt?

Ja, im Sinne von »heim ins Reich«.

Sie sind also in einem national gesinnten Elternhaus aufgewachsen.

Genau.

Was machte Ihr Vater nach dem Verlust der Beamtenstelle?

Er wurde kaufmännischer Angestellter und kümmerte sich bis zum Krieg um die Buchhaltung einer großen Weberei.

Wie ging es zu Hause zu? Im Wohlstand lebten Sie sicher nicht?

Absolut nicht. Mein Vater hatte acht Geschwister, fast alle handwerklich tätig, Schneider, Bäcker und ähnliche Berufe. Keiner hatte jemals ein Gymnasium oder eine Universität von innen gesehen.

Aber Sie litten keine Not?

Not nicht. Ich hatte zwei Geschwister, war der Jüngste. Die Brüder waren sieben und vier Jahre älter, beide machten den ganzen Krieg mit und waren hinterher viele Jahre in Gefangenschaft. Der eine bekam dort Malaria und starb schon recht früh an den Folgen, als er 50 Jahre alt war. Auch der zweite Bruder lebt nicht mehr.

Erzählen Sie doch mehr von Ihren Eltern. Was haben sie Ihnen mitgegeben?

Da muss ich unterscheiden. Von meinem Vater habe ich weniger mit auf den Weg bekommen können. Er wurde 1945, bei Kriegsende, als Sudetendeutscher sofort verhaftet und nach Bautzen verschleppt. Dort ist er umgekommen. Meine Mutter war viel prägender, ohne sie hätte ich meinen erfolgreichen Weg nicht beschreiten können. Sie und ich, wir beide allein, so fing es an nach Kriegsende.

Zunächst sind Sie noch in Zwickau zur Schule gegangen.

In die Volksschule Zwickau. Wir hatten vor- und nachmittags Unterricht, nur Mittwoch- und Samstagnachmittag frei. Dann kam ich in die Oberschule in Böhmisch-Leipa.

Diese Schulzeit fand dann ja ein abruptes Ende.

Das kann man sagen! Im Februar 1944 wurde ich mit der Klasse als Luftwaffenhelfer eingezogen und kam nach Prag. Als Richtkanonier hielt ich am Rande der Stadt zur Sicherung eines Flugplatzes die Stellung. Es gab Tag für Tag wenig zu essen, meist eine Ration Suppe, aber auch Zigaretten. Ich habe meine Zigaretten regelmäßig gegen einen Extrateller Suppe eingetauscht. So wurde ich als Flakhelfer zum Nichtraucher. Diese Zeit werde ich nie vergessen: Wir lebten in überdachten Erdlöchern, es war gefährlich, die vielen Bomber, die herabfallenden Granatsplitter der großen Flakgeschütze. Ich habe zum ersten Mal ein Gefühl für Lebensgefahr empfunden.

Gab es in der Flakstellung unter Ihren Klassenkameraden Verluste?

Gott sei Dank, nein. Allerdings kehrten eines Abends zwei Kameraden aus Prag nicht zurück. Sie wurden Opfer tschechischer Widerstandskämpfer.

Wie haben Sie das Dritte Reich eigentlich erlebt?

1938, das war für uns die Befreiung von tschechischer Vorherrschaft. Und dann kam ja der Krieg. Als Jugendlicher hat man eigentlich vor allem den Wunsch gehabt: Hoffentlich gewinnen wir den Krieg.

Waren Sie in der Hitlerjugend?

Natürlich. Kurze Zeit, wie alle. In so einer kleinen Stadt wie Zwickau mit gerade 4000 Einwohnern war es selbstverständlich.

Waren Sie von Hitler begeistert?

Ich war begeistert, hatte aber nie das Gefühl gehabt, dass da etwas Unrechtes geschieht. Und ich habe noch relativ lang an den Sieg geglaubt. Wir Jugendlichen erlebten das Auftauchen der ersten Raketen und Düsenjäger mit und dachten, das sind die vielbeschworenen Wunderwaffen.

Sie mussten ja noch als Panzergrenadier an die Ostfront.

Die Front war damals in Schlesien. Wir hatten den Befehl, russische Panzer mit der Panzerfaust zu bekämpfen, vom Fahrrad aus. Das war eine besonders prägende Zeit: die Angst beim Vorrücken der Russen – wer eine Fahrradpanne hatte, war verloren. Da habe ich den Tod Tag für Tag kennengelernt. Ich gehörte nicht unbedingt zu den Menschen, die sich unnötigerweise in Gefahr begeben. Ich habe aber miterlebt, dass Kameraden sich in Lebensgefahr begeben haben, weil sie um jeden Preis einen Panzer abschießen wollten, nur damit sie das Eiserne Kreuz erhalten.

Die haben ihr Leben für eine Auszeichnung riskiert?

Ja. Da habe ich gelernt, wie wichtig für viele Menschen eine Auszeichnung ist.

Wann war für Sie der Krieg zu Ende?

Das war paradox. Ich gehörte der Heeresgruppe Schörner an. Wir haben von der Kapitulation am 8. Mai 1945 nicht sofort etwas mitgekriegt. Wir fühlten uns immer noch im Krieg. Wir kamen an toten Soldaten vorbei, die noch in letzter Minute als Deserteure hingerichtet worden waren. Da haben wir nicht den Mut gefunden, die Panzerfaust und den Karabiner wegzuwerfen und in Richtung Westen, zu den Amerikanern, zu gehen. In der Nacht zum 10. Mai legte ich mich mit einem Kameraden todmüde in einer Scheune zum Schlafen nieder, und als ich zwischendurch aufwachte, fand ich lauter polnische und russische Soldaten neben mir. Sie waren noch müder als wir und haben uns nicht als Deutsche erkannt. Da wusste ich, jetzt darfst du den Karabiner liegen lassen, und General Schörner kann dich nicht mehr umbringen lassen. Gott sei Dank waren wir nur 20 Kilometer von meinem Heimatort entfernt. So bin ich nach Hause – und nicht in Gefangenschaft gekommen.

Da hatten Sie großes Glück.

Ja, das hatte ich. Ich glaube nicht an Zufälle, aber an das Glück.

Wie war damals Ihre Gemütslage? Haben Sie gedacht, das ist eine furchtbare Niederlage für Deutschland? Oder dachten Sie: Gott sei Dank, es ist vorbei?

Ich habe mir gesagt, Gott sei Dank bist du nicht mehr in Lebensgefahr. Aber natürlich wollten wir auf keinen Fall in russische Gefangenschaft geraten. Ich bin im Morgengrauen noch in Uniform durch die Wälder nach Hause gelaufen und kam mit blutenden Füßen in Zwickau an.

Da waren Vater und Mutter daheim?

Den Vater haben wir nur einen Tag lang bei uns gehabt. Dann wurde er abgeholt wie alle, die in der Sudetendeutschen Partei waren.

Die Sudetendeutsche Partei war die Gruppierung, die für den Anschluss »heim ins Reich« gekämpft hatte.

Ja. Deren Mitglieder wurden von Russen und Tschechen gleich festgenommen. Sie durchsuchten unser Haus. Dort hing an einer Wand ein Bild von mir und Hitler, das meine Mutter vergessen hatte abzunehmen. Sie behauptete einfach, der Bub auf dem Foto sei gar nicht ich.

Sie und Hitler auf einem Foto?

Ja, das war tatsächlich so. Hitler reiste nach dem Münchner Abkommen am 6. Oktober 1938 ins Sudetenland. Vom sächsischen Löbau kommend, war seine erste Station unser Zwickau. Da gab es einen wunderschönen Marktplatz und das Rathaus, vor dem Hitler, der im offenen Wagen fuhr, von der Bevölkerung umjubelt wurde. Ein zehnjähriges Mädchen und ein gleichaltriger Hitlerjunge – das war ich – waren ausgesucht worden, dem Führer die Hand zu geben und den Strauß Blumen zu überreichen. Das Foto mit Hitler und mir war natürlich eine Sensation, denn Hitler war damals für die Sudetendeutschen wie Gott. Dieses Foto hatte deshalb einen Ehrenplatz in unserer Wohnung.

Sie wurden nicht wegen des Fotos verschleppt, aber lange in Zwickau bleiben konnten Sie auch nicht mehr.

Meine Mutter und ich, wir gehörten in unserem kleinen Ort zu den Ersten, die vertrieben wurden. Die Vertreibung in Zwickau begann Anfang Juni 1945. Wir wussten nicht, was mit dem Vater geschehen war, auch nicht, wo meine Brüder steckten – außer, dass sie in Gefangenschaft waren. An einem Nachmittag fuhren Lautsprecherwagen durch die Stadt, und es hieß, alle Einwohner ab einem bestimmten Alter müssten sich am nächsten Morgen an der Straße versammeln, die zur Grenze führt.

Sicher kein leichter Abschied für einen jungen Menschen.

Nein, gewiss nicht. Mitnehmen durften wir höchstens 30 Kilo Gepäck. Niemand hatte vorher geahnt, dass so etwas geschehen würde. Jetzt musste ich mich innerhalb weniger Stunden entscheiden, was nimmst du mit aus dem Haus, in dem du groß geworden bist, was packst du auf den Leiterwagen.

Und was haben Sie dann eingepackt?

Ein wenig Kleidung, meine Zeugnisse, ein paar Silbermünzen, in Zahnpastatuben versteckt, Lebensmittel – sonst nichts.

Besitzen Sie noch etwas von dem, was Sie damals mitnahmen?

Ich habe neben Zeugnissen noch ein paar Fotos, auch aus der Zeit als Luftwaffenhelfer.

Und wie ging's weiter?

Wir mussten bis zur Grenze laufen, begleitet von Soldaten auf Pferden. Die Grenze zu Deutschland war glücklicherweise aber nicht weit weg, nur zwei Stunden. An der Grenze zu Sachsen hieß es, seht zu, wie ihr weiterkommt.

Da haben Sie auch wieder Glück gehabt.

Ja, auch weil die auf der sächsischen Seite gelegenen Dörfer noch nicht mit Flüchtlingen überfüllt waren. Wir fanden eine Unterkunft für wenige Nächte, bevor es in einem Viehwaggon per Eisenbahn weiterging, bis wir nach ein paar Tagen in Halle an der Saale landeten.

Wer hat diesen Zug der Vertriebenen organisiert?

Russische Soldaten, die in Sachsen stationiert waren.

In Halle kamen Sie wohl in ein Notquartier?

Wir wurden auf verschiedene Massenunterkünfte aufgeteilt. Dort stieß ich dann auf einige Schulkameraden. Anschließend kamen wir bei einem älteren Ehepaar unter, dem die Russen ein Zimmer weggenommen hatten.

Wovon hat Ihre Mutter in der Zeit gelebt?

Zuerst gab es ganz minimale Unterstützung für alle Flüchtlinge, eine Notverpflegung. Zum Glück hatte meine Mutter eine Ausbildung als Schneiderin gemacht und konnte perfekt nähen. So hat sie uns mit dem Nähen von Kleidern durchgebracht. Aber das ging nur zwei Monate lang gut, dann erkrankten wir beide lebensgefährlich. Es grassierte in Halle eine große Typhusepidemie. Meine Mutter wurde in ein Behelfskrankenhaus in einem früheren Gymnasium eingeliefert, ich kam ins Knappschaftskrankenhaus Carlsfeld. Allerdings musste ich erst einen Tag im Flur liegen und warten, bis ein Bett dadurch frei wurde, dass der, der drin lag, starb. Das Bett war noch warm, als ich da reingelegt wurde. Aber glücklicherweise gehörte ich zu den fünf Prozent, die die Epidemie in diesem Krankenhaus überlebten.

Und Ihre Mutter?

Ich wusste zuerst gar nicht, wo sie war. Erst nach Wochen hat meine Mutter mich gefunden. Sie gehörte auch zu den ganz wenigen, die überlebt haben. So kamen wir wieder in das kleine Zimmer bei dem älteren Ehepaar. Aber die Leute wollten uns eigentlich gar nicht mehr haben. In dieser Zeit begann allmählich der Kampf zwischen Einheimischen und Vertriebenen: Du bist Flüchtling und nicht erwünscht.

Das war dann im Herbst 1945. Und die Schule begann wieder.

Ja. Ich musste nun das Abitur machen. Wichtig dabei war, dass die Schule in Böhmisch-Leipa am 7. Mai, einen Tag vor der deutschen Kapitulation, mir das Abschlusszeugnis nach Hause geschickt hatte.

Das war wohl die mittlere Reife gewesen?

Mit Berechtigung für das Abitur. Das habe ich dann am 8. März 1947 gemacht.

Ich stelle es mir nicht ganz einfach vor, wenn man an der Front war und muss dann wieder die Schulbank drücken.

Weiß Gott, das war nicht einfach. Aber ich wollte es, und es war auch der Wunsch meiner Mutter. Ihr habe ich nebenbei noch geholfen, beim Zuschneiden. Aber das war schon ein Hungerleben, das wir da geführt haben.

Die Mutter arbeitete auf eigene Rechnung?

Sie ist einfach zu Nachbarn gegangen und hat Kleider genäht oder geändert.

Haben Sie noch Erinnerungen an die Schulzeit?

Ich habe immer Schwierigkeiten mit Latein gehabt. Das war mein Schreckensfach. Mein Lateinlehrer auf der Oberschule im Sudetenland hatte als Hobby die Stenographie. Er fragte uns, wer denn freiwillig einen Kurs mitmachen wolle. Da habe ich mich gemeldet – in der Hoffnung, beim Latein besser wegzukommen. Das war ein Volltreffer! Ich war in Steno der Beste, und in Latein habe ich eine Drei gekriegt, obwohl ich eine Fünf verdient gehabt hätte.

Da sieht man, wozu Stenographie gut sein kann.

Steno hat mir im späteren Leben viel geholfen. Aber inzwischen habe ich es verlernt. Genauso wie das Tschechisch. Im Herbst 1945, als ich wieder zur Schule ging, traf ich dann auf den nächsten Lateinlehrer. Der hatte jedoch mit Stenographie nichts im Sinn, der wollte eine Partei gründen.

Was für eine Partei?

Eine liberale, antikommunistische Partei. Als er sich am ersten Schultag nach meiner Herkunft erkundigte, sagte ich, mein Vater wurde von den Russen verschleppt, und wir wüssten nicht, ob er noch lebt. Das hat ihn beeindruckt. Wir hatten ja bis dahin, und auch später, kein Lebenszeichen erhalten.

Seit wann wissen Sie, dass und wie Ihr Vater umgekommen ist?

Genau weiß ich das erst seit dem Frühjahr 2004. Ein Mitarbeiter von mir hat in Bautzen die Akten entdeckt. Der Vater war in einem Massengrab verscharrt worden.

Wann starb er?

Im Februar 1946. Er war schwer krank und ist nicht behandelt worden.

Ihre Mutter und Sie hatten doch sicher lange gehofft, der Vater würde eines Tages einfach vor der Tür stehen.

Meine Mutter gab jahrelang die Hoffnung nicht auf, und ich mit ihr. Es fehlten damals in der Familie ja drei Männer: der Vater und die beiden Brüder.

Wenn der Vater verhaftet und verschleppt wurde, weil er politisch engagiert war, dann sagen Kinder oft: Politik? Auf keinen Fall!

Das hat sicher auch mich geprägt. Ich wollte eigentlich nie aktiv in die Politik.

Aber mit 17 Jahren gehörten Sie dann doch zu den Gründern der Liberal-Demokratischen Partei, der LDP, in Halle.

Das lag eindeutig an dem Lehrer. Als er sagte, es handle sich um eine antikommunistische Partei – nun, ich will nicht von Rache reden, aber diese Ausrichtung war ein Motiv für mich. Und zweitens, als Schüler dachte ich mir: Mit einem Lateinlehrer hat es schon einmal geklappt! (Lacht.) Und so wurde ich zum Mitbegründer der LDP in der SBZ.

*Und wenn der Lehrer gesagt hätte, wir gründen eine sozialde-
mokratische Partei?*

Da hätte ich nicht mitgemacht. Aber die Liberal-Demokraten,
die interessierten mich schon. Also sagte ich dem Lehrer zu.
Ich wollte keine große Verpflichtung eingehen, sondern dem
Lehrer einen Gefallen tun. Und mir. Aber wie das im Leben
manchmal so geht: Ich bekam Gefallen an der Politik und
wurde Vorsitzender der Jungen Liberalen in Sachsen-Anhalt.

Sie haben nach dem Abitur zunächst nicht studiert. Warum?

Ich stellte nach dem Abitur sofort einen Antrag auf Zulassung
zum Studium. Ich wollte Jura studieren, weiß der Kuckuck,
warum. Aus Jux und Tollerei hatte ich beim Abitur als Berufs-
wunsch noch Förster angegeben. In meinem Reifezeugnis
steht: Pohl will die höhere Forstlaufbahn einschlagen. Dabei
kann ich keinem Tier was zuleide tun. So meldete ich mich
dann für Jura, wurde aber wegen meines Vaters nicht zugelassen. Da unterschrieb ich dann einen Anstellungsvertrag mit
der Liberal-Demokratischen Partei, als Landesjugendsekretär
von Sachsen-Anhalt.

Hauptberuflich?

Ja. Ich war der Wolfgang Mischnick von Sachsen-Anhalt, sozusagen. Der machte nämlich dasselbe in Sachsen.

Wurde das ordentlich bezahlt?

Ich habe zunächst die Arbeit überwiegend von zu Hause aus
gemacht, bekam 225 Mark monatlich.

Da müssen Sie auch Hans-Dietrich Genscher begegnet sein?

Ja, das schon. Er und ich, wir wohnten in demselben kleinen Ort Reideburg in der Nähe von Halle. Aber politisch war der damals noch gar nicht aktiv, er trat erst nach mir in die Partei ein.

Im Grunde war Ihr Amt als Landesjugendsekretär die ideale Startposition für die Karriere eines Berufspolitikers. Haben Sie jemals mit dem Gedanken gespielt?

Nie. Aber die Parteiarbeit war abwechslungsreich, wir machten viel Wahlkampf. Ich kam sogar in den Vorstand der LDP. An der Nichtzulassung für das Jurastudium änderte sich derweil nichts. Ich musste ein- bis zweimal pro Woche zur sowjetischen Militär-Administration SMA und hatte über alles zu berichten, was ich so machte. Weil Sachsen-Anhalt als einziges Land in der SBZ eine bürgerliche Mehrheit hatte, wurden wir natürlich von den Russen besonders beobachtet. Diese ständigen Verhöre werde ich nie vergessen.

Ihre damalige hauptamtliche Parteitätigkeit hatte schon etwas damit zu tun, Leute von einer Idee zu überzeugen?

Ja, das kann man so sagen: Ich habe Mitglieder geworben, vor allem junge. Das hatte schon eine gewisse Ähnlichkeit mit dem Verkaufen.

Sie mussten schließlich fliehen, sind einer Verhaftung zuvorgekommen.

Das auch wieder aus purem Glück. Ich war Ende August 1948 mit einem Freund in Berlin bei der Bundesvorstandssitzung der LDP, in meiner Eigenschaft als Vorsitzender der Jungen Liberalen und Betreuer der Hochschulgruppe. An diesem Tag wurde in Halle jeder, der zur Liberal-Demokratischen Hochschulgruppe gehörte, verhaftet. Es gab nur eine Ausnahme: Hans-Dietrich Genscher. Er wurde nicht verhaftet, er durfte sogar weiterstudieren.

Wie erklären Sie sich das?

Eine Schlussfolgerung überlasse ich anderen.

Sie jedenfalls hat die Reise nach Berlin gerettet?

Ja, sonst wäre ich sicher auch verhaftet worden. Ich wurde dort zunächst von der Westberliner FDP betreut. Das war die Zeit der Berlin-Blockade. Von dort bin ich in einem der allerersten Rosinenbomber der Luftbrücke aus Westberlin ausgeflogen worden. Im Flugzeug gab es keine Sitze. Wir saßen auf dem Boden, wo sonst die Säcke mit der Kohle lagen.

Damals konnte man aber doch noch über die offenen Grenzen zwischen den Besatzungszonen gehen.

Nein, ich nicht. 1948 hatte ich keine Chance mehr. Ich war in höchster Gefahr, weil überall nach mir gesucht wurde.

Wohin sind Sie ausgeflogen worden?

In die britische Besatzungszone zum Flughafen Hannover/ Celle. Ich wollte aber in die amerikanische Zone nach Gießen, zu meinem älteren Bruder, der inzwischen aus russischer Gefangenschaft zurückgekehrt war. Er hatte dort mit seiner Frau eine Wohnung. Deshalb setzten mich die Amerikaner in Hannover in den Zug. Ich besaß aber keine Papiere, um von einer Zone in die andere zu fahren. Und am Abend bei der Kontrolle in Kassel fiel das Fehlen der Papiere auf. Ich wurde verhaftet und musste bis zum nächsten Morgen warten, dass ich durchgelassen wurde.

Die Mutter blieb in der SBZ zurück?

Sie ist ein Jahr danach über die grüne Grenze im Harz geflohen und kam dann zu mir nach Marburg, wo ich mittlerweile wohnte. Die hessische FDP hatte mir schnell weitergeholfen. Mischnick war schon vor mir nach Hessen geflohen. Auch FDP-Landesgeschäftsführer Victor-Emanuel Preusker, der spätere Wohnungsbauminister im Kabinett Adenauer, setzte sich für mich ein. Ich wollte nach Marburg zum Studieren, habe sofort die Aufnahmeprüfung gemacht und begann im Herbst 1948 mit dem Studium.

Und warum Jura?

Alles andere behagte mir nicht, und ich hatte mich ja auch schon in Halle für Jura entschieden. Ich spürte nie Interesse an naturwissenschaftlichen Fächern wie Chemie oder Physik.

Sie haben in Marburg studiert, 1953 Ihr Examen gemacht und gleich noch promoviert.

Das ging in Rekordzeit: Staatsexamen im März, das Thema der Doktorarbeit stand Anfang Mai fest, und schon am 3. Dezember bestand ich die mündliche Prüfung. Es war ein sehr glücklicher Tag für mich.

Lässt sich daraus schließen, dass materieller Druck die Leistungsfähigkeit fördert?

So ist es wohl.

Von irgendwas mussten Sie ja leben.

Ich habe als Werkstudent gearbeitet, war lange Zeit Buchhalter bei einem Farbengroßhändler.

Und politisch?

In der Freien Demokratischen Partei, besonders in der FDP-Hochburg Marburg, war ich mit meiner SBZ-Vergangenheit ein gerngesehener junger Mann. Und im AStA an der Uni war ich in Zusammenarbeit mit der Stadtverwaltung für die gesamte Wohnungsvergabe an Studenten zuständig. So kam auch ich zu einer kleinen Wohnung und musste nicht länger zwischen Gießen und Marburg pendeln. Dann ist meine Mutter nachgekommen.

Sie waren umgeben von Studienkollegen, die es politisch zu etwas brachten, so der spätere sozialdemokratische Bundesjustizminister Gerhard Jahn oder der spätere SPD-Bundesvorsitzende Jochen Vogel. War Alfred Dregger, der in den siebziger Jahren die hessische CDU zur stärksten Kraft gemacht hat, auch dabei?

Ja, den lernte ich da auch kennen. Wir waren alle sehr stark politisch engagiert. Ich war damals der Boss der Jungliberalen und zudem Chef der Liberalen Hochschulgruppe. Damals habe ich auch den Liberalen Hochschulbund für ganz Deutschland mitgegründet. Für Wolfgang Mischnick, der bei der FDP in Frankfurt angestellt war, bezahlte ich immer die Tasse Kaffee, wenn er nach Marburg kam. Er hatte noch weniger Geld als ich.

Aber das Studium hat unter diesen Aktivitäten offenbar nicht gelitten. Wie lautete eigentlich das Thema Ihrer Doktorarbeit?

Sie hatte einen recht brisanten politischen Inhalt: der Sozialisierungsartikel 41 in der hessischen Verfassung. Ich kam zu dem Ergebnis, dass er rechtsunwirksam ist.

Es ist doch unter Juristen unstrittig, dass Bundesrecht Landesrecht bricht.

Die Fragestellung war eine andere, nämlich: Kann der Staat qua Verfassung enteignen oder bedarf es zusätzlich noch eines Gesetzes?

Sie haben immer viel gearbeitet, tun das auch heute noch. Sind Sie ein Arbeitssüchtiger, ein »Workaholic«?

Jein, müsste ich sagen. Was mich umtreibt: Ich verfolge noch immer ein Ziel, das ich noch nicht ganz erreicht habe – den Vermögensberater als Berufsstand zu etablieren, der nicht nur von den jetzt mehr als fünf Millionen zufriedenen Kunden der Deutschen Vermögensberatung, sondern auch von allen anderen Menschen in Deutschland positiv gesehen wird. Versicherungsvertreter, was ist das schon, oder gar ein »Klopper«, ein »Drücker« – unter dieser Geringschätzung habe ich selber sehr gelitten. Obwohl ich doch letzten Endes bewiesen habe, dass einer, der bei null anfängt, großen Erfolg haben kann im Leben.

Ich kann heute für mich in Anspruch nehmen, aus eigener
Kraft alles erreicht zu haben – außer eben, dass die Tätigkeit
des Vermögensberaters in der Öffentlichkeit nicht nur unein-
geschränkt als ein ehrenwerter, sondern als ein erstrebenswer-
ter Beruf gilt. Wobei wir da auf gutem Weg sind. Wenn eine
Zeitung wie BILD oder eine Illustrierte wie der »Stern« die bei
den Lesern offenbar beliebten Gehaltsvergleiche zwischen
verschiedenen Berufen veröffentlicht, dann taucht dort immer
häufiger auch der Beruf Vermögensberater auf. Das ist im Vergleich zu früheren Jahren schon ein Erfolg.

Aber es bleibt noch viel zu tun. Es muss noch für jeden
vernünftigen Menschen selbstverständlich werden, vor dem
Gang zur Bank erst mit seinem Vermögensberater zu sprechen – so wie man vor dem Gang zum Finanzamt sinnvoller-
weise erst das Gespräch mit dem Steuerberater sucht.

*Wie muss man sich Ihren Tagesablauf vorstellen? Sind Sie
ein systematischer Mensch, der schon am Abend vorher genau
weiß, was er am nächsten Tag macht?*

Ich arbeite sehr intuitiv, brauche aber auch Zeit zur Vorberei-
tung, zum Beispiel bei einem Gespräch wie diesem. Ein Nachteil des Erfolgs besteht darin, dass ich oft aus Zeitgründen
nicht mehr allein bestimmen kann, was im Tagesgeschäft meines Unternehmens geschieht.

Haben Sie eigentlich auch Zeit für Hobbys?

Ich sammelte als Jugendlicher Briefmarken, bis mir das zu
langweilig wurde. Jetzt bringe ich aus aller Welt Geldscheine
mit, am liebsten druckfrische. An der umfangreichen Kollek-
tion kann ich mich so recht erfreuen.

Lesen Sie viel?

Ich lese natürlich Fachliches, aber kaum etwas zur Unterhaltung. Nur wenn ich in Urlaub fahre, nehme ich immer Bücher von Karl May mit, obwohl ich die schon mindestens fünfmal gelesen habe. Karl Mays Schilderungen des Orients beeindrucken mich besonders. Ich sage dann oft, dazu brauche ich jetzt Herrn Scholl-Latour nicht mehr.

Schauen Sie viel Fernsehen?

Außer Nachrichten und Börse wenig. Und die Krimis mit Columbo mag ich. Im Kino war ich mit Sicherheit seit fünfzehn Jahren nicht mehr.

Wenn Ihre Sekretärin sagte: »Herr Doktor, ich habe einen Fehler bei den Terminen gemacht. Sie haben die nächsten drei Tage komplett frei« – was würden Sie da machen?

An drei Tagen ohne einen Termin würde ich nachdenken, wie ich meinem großen Lebensziel noch näher komme. Aber wenn es früher mal ein paar Tage ohne Termine gab – was selten genug war –, und meine Frau sagte, lass uns irgendwo hinfahren, dann habe ich das gern getan, liebend gern.

Weil man überall darüber nachdenken kann, wie das Image der Vermögensberater verbessert werden könnte?

(Lacht.) So ist es.

6
Der Familienvater

»Ohne meine Frau gäbe es die DVAG nicht«

Ihr Leben spielt sich zwischen zwei Polen ab: der Familie und der Deutschen Vermögensberatung, die Sie ja als berufliche Familiengemeinschaft bezeichnen. Sie sind zweifellos ein Familienmensch …

Richtig.

Auch deshalb muss es für Sie ein besonders schwerer Schlag gewesen sein, als Ihre Frau im Herbst 2007 schwer erkrankte und dann im Juli 2008 starb.

Ja, das war für meine Söhne und mich ein ganz schmerzlicher Einschnitt in unserem Leben. Meine Frau und ich, wir waren ja mehr als ein halbes Jahrhundert zusammen. Unsere »Goldene Hochzeit« konnten wir noch zusammen feiern, obwohl sie da schon von ihrer schweren Krebserkrankung gezeichnet war. Wie gern hätte ich auch noch ihren 70. Geburtstag mit ihr erlebt. Aber das war meiner über alles geliebten Frau und mir nicht mehr vergönnt.

Ich erinnere mich noch gut an den dritten Advent 2007, als Ihre Frau zusammen mit Ihnen an der großen ZDF-Gala »Ein Herz für Kinder« in Berlin teilnahm und Sie die Millionen-Spende der DVAG für diese BILD-Aktion überreichten.

Ja, das war ihr letzter öffentlicher Auftritt, und ich bin ihr bis heute dankbar dafür, dass sie diese Strapazen damals auf sich genommen hat. Sie war zu diesem Zeitpunkt bereits an Krebs erkrankt. Aber meine Frau war eine sehr starke Persönlichkeit. Sie hat bis zuletzt gegen diese heimtückische Krankheit angekämpft und ließ sich nichts anmerken. Das hat unheimlich wehgetan, ihr bei diesem Kampf mehr oder weniger hilflos zusehen zu müssen.

Sie haben gesagt, ohne meine Frau gäbe es die DVAG nicht …

Ja, so ist es. Sie hat mir damals die Kraft gegeben, dieses Unternehmen zu gründen, als ich nach meinem Ausscheiden bei der Bonnfinanz vor dem Nichts stand. Ohne sie hätte ich das damals nicht geschafft.

Jenseits von allem persönlichem Schmerz: Der Tod Ihrer Frau hatte ja auch Auswirkungen auf die Besitzverhältnisse in der Deutschen Vermögensberatung AG.

Das ist richtig. Vor dem Tod meiner Frau betrug mein Anteil 48 Prozent, und meine Frau hielt 28 Prozent; zusammen kamen wir also auf 76 Prozent. Meine Söhne Reinfried und Andreas besaßen jeweils 12 Prozent. Ich habe aber auf die Annahme der mir im Wege der Erbfolge zufallenden Anteile meiner Frau zugunsten meiner Söhne verzichtet.

Und warum dieser Verzicht?

Das war ein Zeichen meines Dankes an meine Söhne. Zugleich war es auch gedacht als Beweis meines Vertrauens in sie als die künftigen Verantwortlichen für unsere Berufsgemeinschaft. Dies hat zur Folge, dass Reinfried und Andreas jetzt nicht mehr nur je 12 Prozent besitzen, sondern jeweils 26 Prozent. Gemeinsam verfügen sie also mit 52 Prozent über die Mehrheit in der Holding.

Die beiden können Sie also jetzt überstimmen.

(Lacht.) Ja, das könnten sie. Ich begnüge mich trotzdem gern mit meinem bisherigen Anteil von 48 Prozent.

Sprechen wir noch über Ihre verstorbene Frau. Wie haben Sie Ihre Frau eigentlich kennengelernt?

Eines Tages ging ich mit einem Sohn des FDP-Kreisvorsitzenden in ein Marburger Café, und dort begegnete mir meine spätere Frau. Sie war die Tochter des Konditoreiinhabers.

Sie bediente im Café der Eltern?

Wenn Not am Mann war, ja. Sie half schon von Kindheit an mit. Kennengelernt haben wir uns im Mai 1957, ich war 29, sie 19.

War es Liebe auf den ersten Blick?

Auf beiden Seiten! Es war aber nicht einfach. Ich war in Marburg, das kann man sagen, ein Exot. Ich kam als sudetendeutscher Flüchtling und Katholik in diese stockprotestantische Stadt. Zudem hatte ich nichts. Ich war damals schon beim Gerling-Konzern tätig, bekam 500 Mark monatlich, in den Augen meiner möglichen Schwiegereltern viel zu wenig, um eine Frau zu ernähren. Außerdem hielten sie mich für zu alt. Obendrein wollte mein späterer Schwager seine Schwester unbedingt mit seinem engsten Freund verheiraten. Das war schon ein harter Kampf. Aber ich habe ihn sehr schnell gewonnen. An ihrem Geburtstag, Anfang September 1957, haben wir uns verlobt und im Juni 1958 geheiratet.

Was schätzten Sie an Ihrer Frau am meisten?

Dass sie immer Verständnis für mich gehabt, mir immer zur Seite gestanden hat, auch in schwierigen Zeiten. Und schwierige Zeiten, die hatte ich leider öfter durchzumachen. Unsere Ehe war der lebendige Beweis für meine These, dass eine intakte Familie die beste Basis für Leistung und Erfolg ist.

Was, glauben Sie, schätzte Ihre Frau an Ihnen besonders?

Sie schätzte an mir, dass ich – na ja, so etwas ist nicht einfach zu beantworten. Wahrscheinlich, dass ich nie aufgebe im Leben, beharrlich meine Ziele verfolge. Übrigens bin ich Stier, meine Frau hatte das Tierkreiszeichen Jungfrau, das soll eine ideale Kombination sein. Und wir waren das auch.

Es gibt den schönen Spruch: Hinter jedem erfolgreichen Mann steht eine Frau, die ihm sagt, was er zu tun hat. War Ihre Frau auch Ihre Ratgeberin?

Sie hat entscheidend dazu beigetragen, dass es den Konzern Deutsche Vermögensberatung überhaupt gibt. Ich hatte 1975, nach meinem Ausscheiden bei der Bonnfinanz, nicht mehr die Absicht, noch einmal in die Vermögensberatung einzusteigen. Ich dachte eher an Unternehmensberatung oder an eine Universitätsprofessur. Aber damals sagte meine Frau: »Du kannst deine Leute nicht im Stich lassen. Riskiere einen Neuanfang, ich helfe dir dabei.« Deshalb kann ich es nicht oft genug wiederholen: Ohne meine Frau gäbe es die DVAG nicht.

Sie haben immer die Bedeutung einer intakten Familie betont.
Was zeichnet eine gute Ehe aus?

Dass man gegenseitig Verständnis hat, Rücksicht auf die Interessen des anderen nimmt, alles gemeinsam machen will.

Etwas ketzerisch gefragt: Hat Ihre Frau mehr Rücksicht auf
Sie genommen oder Sie mehr auf Ihre Frau?

Es gab solche und solche Zeiten; verschiedene Lebensabschnitte eben. Ich bin ihr unendlich dankbar, dass sie mir die Freiheit ließ, meine Visionen zu verwirklichen. Wir haben dazu auch auf manches verzichten müssen, auf manchen Urlaub zum Beispiel. Und sie hat mir in einem weiteren wichtigen Punkt bei meinem unternehmerischen Erfolg geholfen: Sie hat nämlich meinen Mitarbeitern vorgelebt, wie wichtig es ist, dass die Frau den Mann unterstützt.

Inwiefern war Ihre Frau in das Unternehmen involviert?

Sie war immer dabei, von der ersten Stunde an, aber nicht aktiv im Unternehmen. Mit einer wichtigen Ausnahme: Sie hat in eigener Verantwortung die vielen Ausbildungs- und Begegnungsstätten für unsere Vermögensberater im In- und Ausland gestaltet. Sie hat diesen Begegnungsstätten eine Seele gegeben. Dafür wurde und wird sie von unseren Vermögensberatern sehr bewundert, ja, man kann auch sagen: Sie wurde geliebt. Aber nicht nur deshalb erhielt sie bei unseren Veranstaltungen für ihren Einsatz im Unternehmen immer wieder allergrößten Beifall. Darüber habe ich mich immer ganz besonders gefreut. Denn sie hat ganz maßgeblich dazu beigetragen, dass wir kein normales Unternehmen sind, sondern eine einzigartige berufliche Familiengemeinschaft.

Ihre Frau war aber in der Holding.

Ja, in der Geschäftsführung und natürlich als Anteilseignerin. Aber sie war nicht ins Tagesgeschäft der AG einbezogen. Ich war übrigens immer überzeugt: Wenn du Erfolg haben willst, musst du den Lebenspartner mit einbeziehen. Gott sei Dank war meine Frau dazu immer bereit.

In gewisser Weise war Ihre Frau – 1959 kam der erste Sohn, fünf Jahre später der zweite – eine verheiratete Alleinerzie-hende, oder?

Ja, vor allen Dingen in den fast neun Jahren, als ich in Bonn war und nur am Wochenende nach Hause kam. Zusätzlich hatte meine Frau noch die Betreuung meiner Mutter übernom-men. Es ist bekanntlich nicht immer leicht, mit der Schwieger-mutter unter einem Dach zu leben. Aber meine Frau hat das wunderbar hingekriegt. Ich bin ihr dafür unendlich dankbar, denn ich habe meiner Mutter sehr viel zu verdanken.

Was haben Sie eigentlich Ihren Söhnen mitzugeben versucht?

Das ist ein ganzes Bündel. Für mich ist insbesondere der Leis-tungsgedanke wichtig. Doch habe ich nie verlangt, dass meine Söhne etwa in das Unternehmen eintreten sollten. Ich habe nie Zwang ausgeübt, sondern immer die beste Erziehungsme-thode verfolgt: dass sich Kinder an den Eltern ein Beispiel nehmen.

Von Pestalozzi stammt die Definition, Erziehung ist zur Hälfte Liebe und zur Hälfte Vorbild.

Richtig. Da stehe ich hundertprozentig dahinter.

Haben Sie die Söhne sehr stark zur Leistung angespornt?

Nein. Ich habe gesagt: Ob ihr Kinder eine Eins oder eine Fünf von der Schule nach Hause bringt, hat keinen Einfluss auf meine Liebe. Aber ich sage euch: Bei einer Fünf bin ich enttäuscht, weil ich überzeugt bin, dass dies nicht nötig ist.

Sie sind in bescheidenen Verhältnissen aufgewachsen.

Ich bin auch bescheiden geblieben. Ich wohne heute noch in dem Haus, das wir 1960/61 für 145 000 Mark gebaut haben und für das wir uns hoch verschuldet haben. Da schüttelt heute mancher den Kopf, was mich aber nicht stört.

Im Gegensatz zu Ihrer Jugend in Nordböhmen sind Ihre Söhne im Wohlstand aufgewachsen.

Und ob!

Ist das für Kinder gut oder schlecht?

Meine Söhne haben auch schwierige Jahre miterlebt. Zum Beispiel 1975, als ich bei der Bonnfinanz ausgeschieden bin und wir um unsere Existenz bangen mussten. Ich war damals 47 Jahre alt und stand praktisch vor dem Nichts. Unsere Söhne waren ja in dieser Zeit gerade 10 beziehungsweise 15 Jahre alt. Sie haben meiner Frau und mir tapfer zur Seite gestanden. Dies hat die beiden zusammengeschweißt.

Wenn der Vater sehr erfolgreich ist, haben die Söhne – weniger die Töchter – oft Probleme mit dem großen Vorbild, weil sie sagen: Das können wir nie erreichen. Hat das auch bei Ihren Söhnen eine Rolle gespielt?

Meine Söhne sind mit dieser Situation bewundernswert gut fertig geworden. Sie genießen bei allen unseren Vermögensberatern allergrößten Respekt. Aber nicht etwa deshalb, weil sie meine Söhne sind; diesen Respekt haben sie sich vielmehr erarbeitet.

Ein Erfolg der Erziehung?

Ich denke schon.

Worauf haben Sie bei der Ausbildung der Kinder besonders geachtet?

Dass sie, so wie ich, möglichst unabhängig werden, dass sie Eigenständigkeit beweisen. Aber, wie gesagt, ich habe sie nicht auf eine bestimmte Spur gezwungen. Als Andreas, der immerhin fast fünf Jahre jünger ist als sein Bruder, keine Zeit durch ein langes Universitätsstudium verlieren wollte und auch keine Lust dazu hatte, habe ich ihm geraten, doch eine Ausbildung zum Versicherungskaufmann zu machen, und zwar bei der AachenMünchener. Ich habe gesagt: Dann lernst du nicht nur unseren wichtigsten Produktpartner kennen, sondern zugleich auch, was es heißt, Versicherungen an den Mann zu bringen. Und das hat er dann mit Erfolg gemacht.

Bei zwei Söhnen besteht immer die Gefahr der Rivalität.

(Lacht.) Immer noch besser zwei als drei. Aber im Ernst: Ich habe immer den Zusammenhalt zwischen beiden gefördert, als Voraussetzung, das Erbe, das ich hinterlasse, überhaupt zu meistern. Obwohl Reinfried den Diplomkaufmann gemacht hat, der Jüngere aber auf ein Studium verzichtet hatte, habe ich beide am selben Tag, es war der 1. Juli 1984, in mein Unternehmen aufgenommen. Sie erhalten seither auf Heller und Pfennig das Gleiche. Jeder ist auf seine Art gleich gut. Bei der Arbeit im Unternehmen hilft ihnen, dass sie in einem Alter sind, welches vom Durchschnittsalter meiner Mitarbeiter nicht allzu weit entfernt ist.

Der Durchschnitt ist ...

... einundvierzig. Die Führungskräfte sind etwas älter.

Ihre Söhne arbeiten in der Holding mit?

Ja, in der Holding und direkt auch operativ als Generalbevollmächtigte in der Deutschen Vermögensberatung AG. Jetzt schon seit über 25 Jahren. Sie sind in vielen Tochtergesellschaften als Geschäftsführer tätig und Mitglied in den Aufsichtsräten vieler unserer Partnergesellschaften. Sie festigen schon jetzt entscheidend mein Lebenswerk und werden es nach meiner aktiven Zeit weiter ausbauen. Dabei hilft, dass sie sich sehr gut verstehen und zusammenhalten. Ihnen kommt auch zugute, dass sie an meiner Seite enorme Erfahrungen sammeln konnten. Sie kennen sozusagen die Rezeptur unserer Erfolge aus unserem täglichen Miteinander. Ich brauche also nicht, wie etwa im Hause Underberg, Erfolgsgeheimnisse aufschreiben, um diese erst nach meinem Tod weiterzugeben.

Schwingt da väterlicher Stolz mit?

Ja, ich bin stolz auf meine Söhne.

Wo wären die beiden denn heute, wenn es die DVAG nicht gäbe?

Mein Sohn Andreas, der Jüngere, hätte wahrscheinlich mehr im technischen, Reinfried eher im wissenschaftlichen Bereich eine befriedigende berufliche Tätigkeit gefunden.

Nicht unbedingt in der Finanzdienstleistung?

Das nicht. Da haben sie sich vom Vater hinführen lassen.

Und wenn jetzt einer sagte, er wolle letzten Endes doch was anderes machen, wäre das eine Enttäuschung?

Hätte einer das gesagt, bevor er in das Unternehmen eintrat, wäre ich nicht enttäuscht gewesen. Mir ist aber schon klar: Das Leben, das ich führe, hätten sie für sich nicht akzeptiert. Es wäre eine andere Welt für sie.

Heute wollen Ehefrau und Kinder den Vater abends regelmäßig zu Hause sehen?

So ist es.

Als die Kinder noch klein waren, mussten sie den berufstätigen Vater oft genug daheim vermissen. Gab es zum Ausgleich irgendwelche familiären Rituale?

Sicher, wir hatten unsere Gewohnheiten, sind wegen der damals angegriffenen Gesundheit des Jüngeren grundsätzlich jedes Jahr ein paar Wochen an die Nordsee gefahren und waren an vielen Wochenenden im Sauerland. Dort hatten wir uns auf Anraten der Ärzte wegen der guten Luft in 600 Meter Höhe eine kleine Ferienwohnung zugelegt. Es war, trotz allem, ein enges Familienleben. Wir hatten zum Symbol der familiären Eintracht das vierblättrige Kleeblatt gewählt. Und

so wie wir zu viert immer zusammengehalten haben, tun wir
das jetzt auch zu dritt. Das ist auch ganz im Sinne meiner verstorbenen Frau.

7
Grundsätze

»Erfolg hat man gemeinsam – oder gar nicht«

Man tut Ihnen sicher nicht unrecht, wenn man Sie einen konservativen Menschen nennt. Konservative betonen gern die Bedeutung von Werten. Welche Werte sind für Sie die wichtigsten?

Wir Menschen sind nicht zum Alleinsein bestimmt. Menschen können ohne Menschen nicht leben. Deshalb ist es so wichtig, anderen Menschen zu helfen, dass wir uns gegenseitig unterstützen. Aus diesem Grund würde ich, freilich als einen Wert von vielen, die Hilfsbereitschaft in den Vordergrund stellen. Natürlich auch Toleranz. Dazu kommen Anstand, Ehrlichkeit und Respekt vor anderen. Auch Zufriedenheit ist wichtig und wertvoll, wenngleich sie kein Wert ist, sondern eine Eigenschaft.

Treue, Fleiß, Pünktlichkeit, Ordnungssinn?

Pünktlichkeit ist für mich fast identisch mit Zuverlässigkeit. Besonders bei Pünktlichkeit habe ich eine hohe Erwartung an den anderen.

Es gibt zweifellos viele Anzeichen für einen Werteverfall.

Da kommen mir sofort die Usancen in den Vorständen großer deutscher Konzerne in den Sinn. Da wird häufig nach der Maxime gehandelt: Was dem anderen schadet, nützt mir. So etwas ist natürlich kein Wert, sondern ein »Unwert«. Oder denken Sie daran, wie in der Finanzkrise ganze Kohorten von Managern das ihnen anvertraute Kapital leichtfertig aufs Spiel gesetzt haben. Diese Finanzmarkt-Hasardeure wurden von der Gier zur persönlichen Gewinnmaximierung getrieben – ohne Rücksicht auf die Verluste anderer Menschen und den von ihnen verursachten volkswirtschaftlichen Schaden.

Zählt Teamgeist für Sie auch zu den wichtigen Werten?

Das Miteinander, die Bereitschaft zur Zusammenarbeit, ja!

Lässt sich bei der Bedeutung von Werten zwischen Beruf und Privatleben unterscheiden? Sind Werte eher Privatsache?

Wohl kaum. Ich sehe das Private als prägend für das Berufliche an.

Worum ist es bei uns schlimmer bestellt: um die öffentliche Moral oder – weil sie oftmals fehlt – um die Moral in der Wirtschaft?

Bei beidem gibt es Veränderungen zum Negativen. Die Finanzkrise wäre nicht denkbar gewesen ohne überhöhte Bonuszahlungen. Die winkten allen, die hochriskante Finanzderivate an oftmals ahnungslose Anleger vermittelt haben. Aber es gibt auch Gier bei Privatleuten, die blind der vermeintlich höchsten Rendite nachjagen und keinen Gedanken auf die Sicherheit der Anlage verschwenden.

Würden Sie zustimmen, dass man den Eindruck haben kann, in der Wirtschaft sei das Streben nach Profit, sei die Gier zum Maß aller Dinge geworden?

In der Tat, und das bedauere ich. Die Gier – auch wieder ein »Unwert«. Ich glaube, gierige Menschen kennen wahre Not nicht, können sie gar nicht kennen. Sonst würden sie sich eher mit dem begnügen, was sie haben.

Wo würden Sie die Grenze ziehen zwischen dem Streben nach Gewinn oder hohem Einkommen und der Gier?

Streben nach Gewinn ist sicherlich vorteilhaft. Wenn niemand mehr nach Gewinn strebt, stagniert die Wirtschaft. Gier dagegen verleitet oft zu Fehlentscheidungen, die zu großen Nachteilen für andere führen. Die Gier nach persönlicher Macht kann Vorstände dazu verleiten, vieles im Unternehmen zu zerstören. Es gibt ja Beispiele für Manager, die bei ihrer Gier nach mehr Macht ihrem Unternehmen und seinen Aktionären durch sinnlose Fusionen sehr geschadet haben. Nehmen Sie zum Beispiel DaimlerChrysler. Ohne die Übernahme von Chrysler hätten die Daimler-Benz-Aktionäre nicht so viel Geld verloren. Oder nehmen Sie die letztlich gescheiterte Übernahme der Dresdner Bank durch die Allianz. Solche Fusionen führen zwar zu mehr optischer Größe, aber nahezu immer zum Verlust von Arbeitsplätzen und Unfrieden unter den Mitarbeitern.

Und die Gier nach Erfolg?

In dem Begriff Gier steckt immer ein Stück Übertreibung, also etwas Ungesundes. Aber das Streben nach Erfolg, das ist wichtig. Das bringt meinen Mitarbeitern, den mir anvertrauten Menschen, sogar Nutzen.

Gäbe es nur Menschen, die sich schnell bescheiden, würde unserer Wirtschaftsordnung jeder Antrieb fehlen.

Ohne das Streben nach höherem Einkommen würde der Wirtschaft etwas Entscheidendes fehlen. Ohne Bereitschaft zur Leistung kommen wir nicht voran. Deshalb zieht sich ein Bestreben durch mein ganzes Lebenswerk: Leistung zu fördern. Ohne Anreiz wird nichts Neues geboren.

Die Grenze zwischen normalem Gewinnstreben und Gier wird doch in vielen deutschen Großunternehmen nicht mehr eingehalten. Das ist doch besonders auffällig bei Gehältern, Abfindungen und vielem mehr.

So ist es. Die Maßstäbe, die lange Zeit selbstverständlich waren, sind völlig außer Kraft gesetzt. Mit dem verständlichen Wunsch, voranzukommen und Erfolg zu haben, hat das nichts mehr zu tun. Auch das unternehmerische Streben nach Größe ist eine Art von Gier. Das Streben nach größeren Unternehmenseinheiten kann das Ziel haben, die eigene Firma vor der Konkurrenz oder vor einer feindlichen Übernahme zu schützen, aber als Selbstzweck schadet sie.

Früher gab es die Faustregel, der Chef verdient das 30- bis 40fache dessen, was der durchschnittliche Mitarbeiter hat. Heute verdienen Konzernvorstände das 100- oder 200fache des durchschnittlichen Gehalts ihrer Mitarbeiter.

Da stellt sich natürlich die Frage nach dem Zusammenhang zwischen extrem hohen Vergütungen und dem Erfolg eines Unternehmens. Sehen Sie: Der DAX bewegte sich Anfang 2010 in etwa da, wo er 1999 gestanden hat. Die durchschnittlichen Barbezüge der Vorstände der DAX-Unternehmen haben sich seit dieser Zeit aber mehr als verdoppelt. Dabei sind Aktien-Optionen und andere Leistungen noch gar nicht enthalten. In dieser unterschiedlichen Entwicklung von Aktienkursen und Vergütungen sehe ich ein grobes Missverhältnis.

Vorstände großer Unternehmen argumentieren gern mit internationalen Vergleichen. Sie behaupten, im Vergleich mit amerikanischen oder britischen Kollegen wären deutsche Vorstände eher unterbezahlt.

Zunächst einmal leben Vorstände in angelsächsischen Unternehmen riskanter, sie werden bei Misserfolgen schneller abberufen als deutsche. Auch stellt sich die Frage, wie groß eigentlich auf dem internationalen Arbeitsmarkt die Nachfrage nach deutschen Managern mit angelsächsischen Gehaltsvorstellungen ist.

Was folgt daraus?

Es fehlen bei uns Messlatten, die das aktuelle Gehaltsgefüge rechtfertigen könnten.

Bei uns sind ja nicht nur die Manager-Gehälter explodiert, sondern auch die Zusagen für Abfindungen.

Da gibt es meines Erachtens sogar einen engen Zusammenhang. Je höher das Gehalt, desto höher die Abfindung. Umso kräftiger wird also erfolglosen Vorständen der Abgang versüßt.

Verführt die Höhe der Bezüge Ihrer Meinung nach eher zu riskantem unternehmerischem Verhalten?

Unbedingt, zumal Manager nur auf Zeit bestellt werden. Ich habe Erfahrungen gesammelt mit Gesellschaften, in denen die Vorstände kommen und gehen. Das ist fast so ausgeprägt wie in der Politik, wo einer heute Landwirtschaftsminister und morgen Kultusminister sein kann. Wo bleibt da die Kontinuität?

Wären Sie für oder gegen eine Veröffentlichung von Managergehältern?

Ich bin unbedingt dagegen.

Als Eigentümerunternehmer könnte Sie persönlich ja niemand zwingen, ihre Bezüge offenzulegen.

So ist das. Deshalb bin ich da ganz unbefangen. Ich lehne es dennoch strikt ab, die Bezüge einzelner Vorstände von Aktiengesellschaften zu veröffentlichen.

Warum eigentlich?

Weil bei uns in Deutschland dann sofort der Neid ins Spiel kommt. Das kann den Teamgeist in einem Unternehmen beschädigen oder gar zerstören.

Wäre die Gefahr der Selbstbedienung durch Vorstände nicht noch größer, wenn nichts publiziert würde?

Meine Ablehnung von Gehälterpublizität heißt nicht, dass ich für eine Explosion der Bezüge bin.

Was bedeutet Geld für Sie persönlich?

Da halte ich es mit Ludwig Erhard: ein Stück Freiheit. Ich arbeite nicht, um immer mehr Geld zu verdienen.

Sie sagen nicht, Geld macht glücklich?

Nein, Geld allein macht nicht glücklich. Andererseits kann Geldmangel auch die Ursache von Unglück sein. Man kann ohne Geld zweifellos nicht leben. Mein Beruf ist es ja, Menschen dabei zu helfen, mehr aus ihrem Geld zu machen, finanzielle Vorsorge zu treffen. Aber Geld ist nicht alles. Geld darf nicht der Maßstab aller Dinge sein. Wie viele Ehen zerbrechen am ewigen Streit ums Geld? In wie vielen Familien gibt es Streit wegen der Aufteilung von Erbschaften? Auch die meisten Verbrechen haben einen finanziellen Hintergrund.

Ist es nicht so, dass gerade diejenigen, die viel Geld besitzen, sagen, es komme nicht so sehr aufs Geld an.

Da ist was dran, ja. Sie können jetzt sagen, der Pohl hat gut reden. Aber meine Mitarbeiter nehmen mir ab, dass ich in meinem Alter nicht mehr arbeite, um immer mehr Geld zu haben.

Erinnern Sie sich noch an Ihr erstes Gehalt?

Das war 1947: 225 Reichsmark im Monat.

Das war als Jugendsekretär der Liberal-Demokraten in Sachsen-Anhalt. Konnten Sie sich damit etwas Besonderes leisten?

Nein, das reichte gerade für einen ganz bescheidenen Lebensunterhalt.

Wie ging's dann finanziell weiter?

Bei Gerling waren es 400 Mark im Monat. Das war auch nicht viel.

Sie sagten, Geld allein könne Sie nicht mehr reizen. Was wäre für Sie die angemessene Form der Anerkennung?

Ich sehe, dass die negativen Stimmen zu meinem Lebenswerk immer leiser werden. Das empfinde ich als Anerkennung. Und es freut mich, dass man mich immer mehr nachahmt. Die deutschen Banken übernehmen immer mehr mein System der Allfinanz und der häuslichen Beratung, das sogenannte Klinkenputzen, für ihren eigenen Kundenservice. Da kann ich nur sagen: Nachahmung ist die höchste Form der Auszeichnung.

Ihr Lebenswerk wurde ja in der Öffentlichkeit lange Zeit nicht erkannt oder gar anerkannt.

Da haben Sie recht. Als ich vor vielen Jahren in Marburg Ehrensenator der Universität werden sollte, gab es eine heftige Debatte. Linke Studenten sagten, wie kann man einem Unternehmer, der sein Geld mit Drückerkolonnen verdient, diese höchste Auszeichnung der Universität verleihen. Aber die Professoren hielten dagegen, für das, was der Pohl geschaffen hat, hätte man in früheren Zeiten einen Preis bekommen. Ich habe ja Millionen Menschen dabei geholfen, Vermögen zu bilden und Vorsorge zu treffen.

Das Land Hessen hat Ihnen den Titel eines Professors verliehen, Sie sind mehrfacher Ehrendoktor, haben andere hohe Auszeichnungen der Bundesrepublik, Österreichs und Portugals erhalten. Macht Sie das stolz?

Ich bin schon etwas stolz, aber vor allen Dingen, weil diese Auszeichnungen auch meine Mitarbeiter stolz sein lassen. Ich empfinde mich bei allen Ehrungen sehr stark als Stellvertreter meiner Mitarbeiter. Anerkennungen sind weniger wert, wenn man sie nur auf sich selbst bezieht. Immer wenn ich geehrt wurde, wurden auch meine Mitarbeiter geehrt.

Sind Sie eitel?

Nein.

Überhaupt nicht?

(Lacht.) Meine Frau sagte immer, ich sollte ein bisschen mehr auf mein Äußeres achten, nicht immer dieselbe Krawatte umbinden. Ich stelle mit Überraschung fest, dass immer mehr Männer sich für Kosmetik interessieren. Das ist für mich unbegreiflich.

Also, die Haare würden Sie sich nicht färben lassen?

Nein, nie! Also insofern bin ich nicht eitel. In meiner Jugend, die mich, wie Sie wissen, ungewöhnlich stark prägte, waren diese Dinge absolut bedeutungslos. Dabei bleibt es für mich. Ich glaube, in meinem Lebensalter sind Menschen nicht mehr umzuformen.

Ihnen ist im Leben nichts geschenkt worden. Spätere Generationen hatten es leichter. Hat der Wohlstand die Deutschen bequem und müde werden lassen?

Ich fürchte, dass die im Wohlstand groß gewordenen Generationen nicht die erforderliche Härte haben für dringend nötige

Veränderungen. Sie leben gefährlicher, weil sie Not nicht kennen. Sehen Sie, wenn jemand einmal schwer krank war, dann lebt er hinterher meistens gesünder und vernünftiger. Wer nie krank war, achtet weniger auf seine Gesundheit. Es kommt ja nicht von ungefähr, dass viele Familienunternehmen nach der dritten Generation am Ende sind.

Auch der tüchtigste Unternehmer kann nicht erfolgreich sein ohne tüchtige Mitarbeiter. Was sind für Sie die entscheidenden Kriterien, nach denen Sie Ihre Mitarbeiter aussuchen?

Ganz wichtig ist natürlich die fachliche Qualifikation. Ich erwarte auch Ehrlichkeit und Loyalität. Ohne Teamgeist geht es sowieso nicht. Und dann lege ich als Unternehmer besonderen Wert darauf, dass meine Mitarbeiter die DVAG nicht bloß als Zwischenstation ansehen. Die Treue der Mitarbeiter, ihre Verbundenheit mit dem Unternehmen, das ist eigentlich das wichtigste Kapital jedes Unternehmens. Leider ist die Treue zu einem Unternehmen aber allgemein im Schwinden. Gott sei Dank nicht bei uns.

Ich erinnere mich an die These, wer zu Beginn des Berufslebens nicht alle zwei Jahre den Arbeitgeber wechsele, könne keine Karriere machen. Das war in den achtziger Jahren die gängige Philosophie.

Da bin ich absolut gegenteiliger Meinung. Ich würde niemanden für eine Führungsposition auswählen, aus dessen Lebenslauf ich erkenne, dass er ein »Job-Hopper« ist.

Welche fehlenden Charaktereigenschaften wären für Sie ein Anlass, sich von Mitarbeitern zu trennen?

Da berühren Sie meine Grundüberzeugung, ein Unternehmen muss eine berufliche Familiengemeinschaft sein. Wer persönliche Interessen über die einer solchen Gemeinschaft stellt, den würde ich verabschieden.

Wie wichtig ist die Vorbildfunktion einer Führungskraft?

Sie ist das A und O. Wenn der Vorgesetzte nicht bereit ist, sozusagen vorn zu marschieren, kann er von den Mitarbeitern auch nicht so viel Engagement und Einsatz erwarten, wie für das Unternehmen notwendig sind.

Kommen wir zu einem anderen Thema, das Ihr Leben mitbestimmt hat, nämlich die Politik. Zur LDP sind Sie seinerzeit gewissermaßen durch Zufall gekommen, aber auch, weil die Liberalen antikommunistisch waren. Wie stark hat der Antikommunismus Sie geprägt?

Ganz entscheidend. Vor allem hat mich die Gleichmacherei der sozialistischen und kommunistischen Ideologien abgestoßen. Sie sind diametral dem Leistungsgedanken entgegengesetzt, für den ich stehe. Inzwischen hat sich ja erwiesen, dass ein System der Gleichmacherei nichts taugt. Aber um auf den Beginn meines politischen Engagements damals in Halle zurückzukommen: Ich bin eher durch Zufall in die Politik geraten, aber ich bin dann aus Überzeugung dabei geblieben. Das Engagement für eine Politik, die zu mir passt, begann schon früh und dauert bis heute an.

Die eigentliche große antikommunistische Partei in Deutschland war die CDU. Insofern hätten Sie, als Sie in den Westen kamen, eigentlich bei der CDU landen müssen.

Richtig. Aber in Marburg hatte die CDU absolut nichts, was mich hätte anziehen können. Die Schwarzen hatten hier, anders als etwa in Köln oder Münster, überhaupt keine Chance, die CDU gab es hier fast nicht. Ich wollte ja etwas bewirken. Deshalb ging ich zu den Liberalen als der einzigen bedeutenden antikommunistischen Partei in der roten Hochburg Marburg.

Damals gehörten Sie in der FDP zu den National-Liberalen.

Der Begriff national-konservativ gefällt mir besser.

Gut. National-konservativ, das hieß unter anderem: Eintreten für die Wiedervereinigung. Wie wichtig war diese Idee für Sie?

Sie war mir sehr wichtig. Aber ich habe an der Realisierung gezweifelt. Ich erkannte, dass es zu wenige Kräfte gab, die ernsthaft dafür eintraten.

Wer in den siebziger Jahren diese Zweifel hatte, konnte zwei Folgerungen ziehen. Die Sozialliberalen sagten, vergessen wir das Ganze. Helmut Kohl und die CDU sagten, wir können im Moment die Wiedervereinigung nicht erreichen, aber wir dürfen nichts tun, was das Fernziel der Wiedervereinigung irgendwie beeinträchtigen könnte.

Das war auch meine Sicht. Es wohnte ja noch ein großer Teil meiner Verwandten und Freunde in der DDR. Mein Vater hatte acht Geschwister, ich habe also viele Vettern und Cousinen. Viele sind in der DDR geblieben, den heutigen neuen Ländern. Die Kontakte zu den Mitgliedern meiner Großfamilie bewogen mich, das Thema Wiedervereinigung in all den Jahren nicht zu verdrängen, wie das viele hier im Westen taten. Dabei muss ich sagen, dass die Pohl-Familie immer national gesinnt war. Ein Bruder meines Vaters war enger Mitarbeiter von Konrad Henlein, dem Gründer der Sudetendeutschen Partei in der Tschechoslowakei.

Sind Sie seinerzeit noch in die DDR gefahren?

Überhaupt nicht. Es war mir untersagt, da ich als politischer Flüchtling galt.

Das erste Mal waren Sie dann wohl 1989 wieder drüben?

Ich habe nach der Wende meiner Familie gezeigt, wo ich in Halle an der Saale drei Jahre gewohnt habe.

Jemand wie Sie, der von früher Kindheit an politisch enga- giert war, hatte doch eigentlich beste Voraussetzungen für eine hauptberufliche politische Karriere.

Das kam nie in Frage. Bei der LDP war ich Angestellter, das war ein Broterwerb, weil ich zum Studium nicht zugelassen wurde. Ich hatte immer meine Unabhängigkeit im Auge, ich wollte nicht von anderen, sondern nur von meiner eigenen Leistung abhängig sein. Frühzeitig erkannte ich, dass, wer von der Politik lebt, unter eine Art Joch kommt. Sehen Sie, als politisch Interessierter habe ich in Bonn auf der Zuschauerbank etliche Sitzungen des ersten Bundestags verfolgt. Ich war beeindruckt, dass im Bundestag Menschen zusammenkamen, die nebenbei Abgeordnete waren, im Übrigen aber ihren Beruf hatten. Das hat sich dann gewandelt. Später wurde mir klar, dass zu viele Abgeordnete gar nicht von den Wählerstimmen abhängen, sondern von ganz wenigen Personen in den Parteien, nämlich von denen, die über die Vergabe von Wahlkrei-

sen und Listenplätzen entscheiden. Diese Abhängigkeit wollte
ich nicht, da blieb ich lieber politischer Amateur.

Was waren Ihre höchsten politischen Ämter?

In Marburg war ich stellvertretender Stadtverordneten-Vorste-
her, in Hessen Landesvorstandsmitglied der FDP und Vorsitzender der Jungdemokraten. Ich gehörte auch zu den Gründern des Liberalen Hochschulbundes in der Bundesrepublik.
In der CDU war ich immer nur einfaches Parteimitglied, ohne
jedes Amt.

Sie sind 1970 von der FDP zur CDU gewechselt ...

Nein, ich bin schon 1969 aus der FDP ausgetreten, weil sie geradezu kommunistische Tendenzen entwickelt hatte. Sie war
damals in Marburg unterwandert von linken Studenten. Ich
bin dann im folgenden Jahr, also 1970, in die CDU eingetreten.

*Sie sind also ausgetreten, noch ehe die FDP mit der SPD eine
Koalition bildete?*

Ja, ich habe gesehen, wohin die Reise ging. Dazu haben die
Vorgänge in Marburg beigetragen.

*Für Ihre Entfremdung von der FDP, gab da die Ostpolitik den
Ausschlag, oder war es die Gesellschaftspolitik?*

Eher die Ostpolitik.

*Die FDP ist heute mit ihrem wirtschafts- und gesellschafts-
politischen Kurs der alten Mende-FDP wieder näher als zu
Scheels und Genschers Zeiten.*

Richtig.

Theoretisch könnten Sie also wieder zurück zur FDP.

So ist es. Es gibt zwar gewisse Dinge, die mir nicht behagen. Aber mit den elementaren Ansichten der FDP könnte ich gut leben.

Sprechen wir über Ihre heutige Partei, die CDU. Was ist im CDU-Programm für Sie das Wichtigste?

Natürlich das Bekenntnis zur Marktwirtschaft und zum Leistungsgedanken. Wer mehr arbeitet, soll mehr haben.

Eine gewisse Sozialdemokratisierung der CDU ist aber nicht zu übersehen.

Die CDU hat auch entscheidende Fehler gemacht, vor allem die Sozialpolitik Norbert Blüms hat das Land in große Schwierigkeiten gebracht. Die CDU ist zu weit abgerückt von der sozialen Marktwirtschaft à la Ludwig Erhard.

Markt wurde klein geschrieben und sozial groß.

Das hat mich sehr, sehr gestört.

Jetzt regieren ja CDU und FDP wieder gemeinsam, bilden in Berlin eine »Wunschkoalition«. Trauen Sie der Regierung Merkel/Westerwelle zu, dass es zu einer marktwirtschaftlichen Erneuerung kommt?

Ich hoffe es sehr, bin aber auch etwas skeptisch. Seit der Finanzkrise ist der Ruf nach dem Staat wieder sehr laut geworden. Der Staat musste Banken retten, weil nur er das kann. Aber der Staat ist sicherlich nicht der beste Banker, sonst hätten ja die öffentlichen Banken in der Krise nicht besonders viel Geld verloren. Und der Staat versteht auch nicht genügend von Autos, um Opel retten zu wollen. Doch auch in der CDU ist die Neigung sehr groß, eher an die Wähler von heute zu denken als an die Zukunft des Landes.

Wer über Politik spricht, muss bedenken, dass weniger als zwei Prozent der Wahlberechtigten Mitglied einer Partei sind. Halten Sie die Deutschen für unpolitisch oder die Parteien für zu wenig attraktiv?

Beides spielt eine Rolle. In den Aufbaujahren Deutschlands war ein Politiker noch viel angesehener. Jetzt sagen sogar schon Politiker selber öffentlich, dass sie immer weiter an Ansehen verlieren. Hinzu kommt, dass die Deutschen im Grunde Streitigkeiten nicht mögen, also auch nicht das Gegeneinander politischer Richtungen. Das bedaure ich.

Warum sind eigentlich so wenige Unternehmer und Manager politisch aktiv?

Wahrscheinlich, weil sie Nachteile befürchten, wenn sie es wären.

Das ist ja kein Zeichen von Mut.

Leider. Das kann man auch Opportunismus nennen.

Aber für ein Foto mit dem Kanzler oder der Kanzlerin tun manche Manager sehr viel.

Ich habe vor einiger Zeit gesagt, dieselben, die sich heute um Kanzler Schröder drängen, werden sich morgen genau so um eine Kanzlerin Merkel bemühen. Und so ist es dann auch gekommen. Da vermisse ich manchmal jede Souveränität.

Unterstützen Sie im eigenen Haus politisches Engagement? Wenn einer Ihrer Regionaldirektoren für den Bundestag kandidierte, was wäre dann?

Das kann er tun. Ich würde es sogar begrüßen, aber er muss gleichzeitig seine Pflicht in der Firma erfüllen. Das könnte schwierig werden. Auch deshalb gibt es ja leider im Bundestag so wenige Selbständige und so viele Beamte und Funktionäre.

Müssten dann aber nicht gerade die Unternehmen es ihren Mitarbeitern leichter machen, ein Mandat anzustreben?

Unbedingt. Wichtigste Voraussetzung wäre natürlich die Zusage des Unternehmens, bei Verlust des Mandats wieder im Unternehmen tätig sein zu können. Ich würde das zusagen.

Ich habe den Eindruck, dass Manager lieber Schecks ausstellen, als sich politisch zu engagieren. Wobei Mäzenatentum natürlich nichts Schlechtes ist.

Es ist sogar notwendig. In Amerika finanzieren sich viele angesehene Universitäten über ihre Mäzene. Das nützt der ganzen Gesellschaft.

Man könnte auch den Standpunkt vertreten, eine Aktiengesellschaft sollte ihre Gewinne entweder investieren oder das Geld an die Aktionäre ausschütten, aber nicht für irgendwelche Wohltaten ausgeben.

Da haben Sie recht. Man muss aber unterscheiden zwischen Familienunternehmern, also Eigentümern, und angestellten Managern. Wenn ich etwas spende, kann mir kein Mitarbeiter einen Vorwurf machen. Es ist ja letztlich mein Geld. Leider unterscheiden die Empfänger nicht immer, ob eine Million beispielsweise von Dieter Zetsche kommt, also letztlich von den Aktionären von Daimler, oder – und das ist etwas ganz anderes – von einem Unternehmensinhaber wie mir.

Sie sind bekanntlich sehr großzügig. Sie unterstützen Hochschulen, Parteien, geben Geld für andere gute Zwecke. Was ist dabei Ihr Motiv?

Der rote Faden in meinem Leben war immer, anderen Menschen Hilfe zu bringen. Das war mir immer ein Anliegen. Gott sei Dank kann ich es mir finanziell leisten, so dass sich auch meine Mitarbeiter darüber freuen, wenn ich Gutes tue.

Sie gehörten ja an Weihnachten 2004 bei der Flutkatastrophe in Asien zu den ersten und großzügigsten Spendern – eine Million Euro für Unicef.

Noch nie habe ich so viele zustimmende Briefe meiner Vermögensberater erhalten wie bei dieser Spende. Meine Frau, meine beiden Söhne und ich hatten uns nach kurzer telefonischer Abstimmung spontan schon am Abend des 27. Dezember dazu entschlossen. Gerade der so frühe Zeitpunkt und die Höhe der Spende erfüllte unsere Mitarbeiter mit Stolz, auch im Vergleich zu dem, was andere, viel größere Unternehmen taten.

Sie haben auch die Aktion »Ein Herz für Kinder« der BILD-Zeitung äußerst großzügig unterstützt – mit zweimal einer Million Euro.

Als Unternehmen in einer sozialen Marktwirtschaft haben wir Verantwortung über unser Geschäft hinaus – nach unserem Verständnis auch gegenüber Menschen außerhalb unseres Unternehmens, die auf die Hilfe anderer angewiesen sind. Und wer ist mehr auf Hilfe angewiesen als Kinder? Deshalb haben wir der Hilfsorganisation »Ein Herz für Kinder« 2007 und 2008 jeweils eine Million Euro zukommen lassen.

Sie haben ja den berühmten Strandkorb vom G8-Gipfel in Heiligendamm ersteigert und quer durch Deutschland auf Tour geschickt.

Das war eine außergewöhnliche Aktion, auf die ich sehr stolz bin. Der Strandkorb, in dem 2007 die Großen der Welt gesessen hatten, machte in nahezu allen wichtigen Städten Station, und gegen eine Spende konnte sich jeder darin fotografieren lassen – auf den Plätzen, auf denen zum Beispiel Angela Merkel oder Nicolas Sarkozy gesessen hatten. Das wäre nicht möglich gewesen ohne das Engagement unserer Vermögensberater; deren Einsatz hat das Spendenaufkommen in dieser Höhe erst möglich gemacht. Denn es waren viele hundert von ihnen, die über Monate im Rahmen lokaler Veranstaltungen auf die Menschen zugingen, um Spenden zu sammeln und sich so für diese gute Sache einzusetzen. Allein der ideelle Wert dieser persönlichen Bemühungen übersteigt den Wert der Spende als solcher um ein Vielfaches und bringt so die Verbundenheit unserer Vermögensberater mit dem Schicksal von Kindern in Not zum Ausdruck.

*Der Schwerpunkt Ihres Mäzenatentums liegt eigentlich auf
der Förderung der Medizin?*

Ich tue viel für die Gesundheitsfürsorge wie etwa im Fall des
Marburger Klinikums. Aber ich konzentriere mich bei meiner
finanziellen Hilfe nicht ausschließlich auf medizinische Einrichtungen. Zuerst hatte ich die Dr.-Reinfried-Pohl-Stiftung
gegründet. Das war und ist mein Dankeschön für meine Fakultät der Rechtswissenschaften hier in Marburg. Als ich gesehen
hatte, wie schlecht die Bibliothek und das Institutsgebäude
ausgestattet waren, da musste ich einfach helfen. Dann wandte
ich mich der medizinischen Fakultät zu und stellte die Mittel
für eine Stiftungsprofessur für präventive Kardiologie zur
Verfügung. Dies kommt vielen Menschen zugute, nicht zuletzt
auch einigen meiner Mitarbeiter. Früher war außerdem mein
Engagement für die ZNS-Stiftung von Hannelore Kohl sehr
stark. ZNS unterstützt ja Menschen mit Schädigungen des
Zentralen Nervensystems. Da sah ich eine gewisse Parallele
zu meinem Beruf, nämlich der Vorsorge gegen Unfall und
Not.

*Sie haben 2008 aus Anlass Ihres 80. Geburtstags auf Ge-
schenke jeder Art verzichtet und um Spenden für Ihre Stiftung
gebeten.*

Es hat mich sehr bewegt, dass viele unserer Vermögensberater
und auch viele unserer Partnerunternehmen sehr großzügig
waren. Das hat gezeigt, dass wir nicht nur von einer beruflichen
Familiengemeinschaft sprechen, sondern sie auch leben.

*Wo ziehen Sie denn die Grenze zwischen privatem Mäzenaten-
tum und Sponsoring durch Ihr Unternehmen?*

Beim Auftritt als Sponsor wie beim 1. FC Kaiserslautern erhoffte ich mir natürlich auch kleinere wirtschaftliche Vorteile. Immerhin kann ich mich rühmen, den 1. FC Kaiserslautern 1996 nach dem Abstieg aus der ersten Bundesliga entscheidend unterstützt und später sogar vor dem Untergang gerettet zu haben.

Und das gleich zweimal, und zwar Ende der neunziger Jahre und dann nochmals 2008/2009. Das hat Sie viel Geld gekostet, angeblich fast 55 Millionen Euro.

Ja, das hat uns sehr viel Geld gekostet – fast 55 Millionen Euro. Damit habe ich dem Verein geholfen, der ja 2010 den Wiederaufstieg in die 1. Bundesliga geschafft hat. Unser Engagement hat gleichzeitig auch der Stadt Kaiserslautern und der ganzen Pfalz geholfen. Geschäftlich hat es sich aber nicht sonderlich ausgezahlt.

Als Hauptsponsor des 1. FCK haben Sie sich aber am Ende der Saison 2009/2010 verabschiedet.

Ja, das ist richtig. Der Verein steht – auch dank unserer Hilfe – wieder gefestigt da. Er kann und wird seine Position nun aus eigener Kraft behaupten. Da bin ich sehr optimistisch.

Michael Schumacher hatte in seiner Ferrari-Zeit das DVAG-Logo auf seiner Mütze. Und nach seinem »Comeback« bei Mercedes ist es nicht anders. Der brauchte ja wohl keine Unterstützung.

(Lacht.) Nein, Michael braucht wirklich keine Hilfe von mir. Da ging es darum, einen Leistungsträger als Vorbild zu benennen. Mit Hilfe Michael Schumachers wollte ich meinen Mit-

arbeitern größeres Selbstbewusstsein verschaffen. Es motiviert unsere Vermögensberater, wenn auf der Kappe dieses
so erfolgreichen Sportlers unser Unternehmenslogo zu sehen
ist. Denn Michael Schumacher ist ein gutes Beispiel für einen
Team-Arbeiter. So sagt Schumi nach jedem Rennen, er ver-
danke den Sieg auch seinem Team. Diesen Zusatz vergisst er
nie, was ich toll finde. So sehe ich das auch bei der DVAG, so
sollen das auch meine Berater sehen: Wir sind eine Mannschaft. Wir haben entweder gemeinsam Erfolg – oder wir
haben keinen Erfolg.

Michael Schumacher hat bei einer großen DVAG-Veranstal-
tung darüber geplaudert, dass Sie im Grunde mitverantwort-
lich sind für seinen Wiedereinstieg in die Formel 1.

(Lacht.) Wenn Michael das so sagt, dann wird da wohl was
dran sein. Aber im Ernst: Als Ferrari im Sommer 2009 dringend einen Ersatz für Felipe Massa brauchte, da hat Michael
auch mich um Rat gefragt. Und ich habe ihm gesagt, Ferrari –
das sind praktisch deine Freunde, deine Familie. Die brauchen
Hilfe, und da musst du helfen.

Schumacher sagte, Ihr Ratschlag habe ihm seine Entschei-
dung viel leichter gemacht.

Das freut mich, wenn er das so sieht.

Mit der Rückkehr »Schumis« zu Ferrari hat es bekanntlich aus
gesundheitlichen Gründen nicht geklappt. Doch es folgte 2010
das spektakuläre »Comeback« mit Mercedes.

Ich freue mich, dass er wieder fährt. Ich spürte, dass ihm
ohne die Formel 1 etwas fehlt. Für welchen Rennstall er fährt,

ist aus meiner Sicht zweitrangig. Aus meiner Sicht ist der
Mensch wichtiger als die Marke. Michael Schumacher verkörpert eben die Werte, die auch ich so schätze: Einsatz, Zuverlässigkeit, Leistungsbereitschaft, Teamgeist. Das lebt er alles
vor. Deshalb sind auch unsere Vermögensberater von ihm so
begeistert.

*Wir haben jetzt über Grundsätze und Werte gesprochen, durch-
aus mit einem kritischen Unterton. Aber war früher wirklich
vieles – manche sagen: alles – besser? Oder wird im Rück-
blick vieles verklärt?*

Menschen, die älter werden, neigen oft dazu, die Vergangenheit schöner zu färben, als sie war. Vielleicht ist das auch die
Folge davon, dass das Langzeitgedächtnis im höheren Alter
besser funktioniert. In Deutschland gab es eine besondere
Situation. Im freien Teil unseres Landes konnten wir eine ganz
ungewöhnlich lange Zeit großen Wohlstand genießen. Eine so
lange Periode von Frieden und Wohlstand hatte es in unserer
Geschichte vorher nie gegeben. Das prägt die Erinnerungen
der Deutschen. Das macht aber jetzt den Abschied von diesen
Zeiten umso schmerzlicher.

8
Freunde

»Freunde halten gerade in schlechten Zeiten
zusammen«

*Sie waren in Ihrer unternehmerischen Laufbahn immer wie-
der für Überraschungen gut. Aber als Sie Mitte 2000 Altkanzler Helmut Kohl zum Vorsitzenden Ihres Beirats beriefen, da
schaffte es diese Nachricht sogar auf die Politikseiten der Zei-
tungen.*

Ja, das hat viele verwundert.

Es war ja damals auch ein ungewöhnlicher Schritt.

In der Tat. Aber ich bin nun mal der altmodischen Meinung,
Freundschaften müssen auch in schwierigen Zeiten bestehen können. Das war für mich zum Beispiel ganz wichtig bei
meiner langjährigen Freundschaft zu Helmut Kohl. Am 1. Juli
2000 – zu einem Zeitpunkt, als Kohl in seiner eigenen Partei
wegen der Spendenaffäre schon fast vergessen war und wie
eine Unperson behandelt wurde – habe ich ihn zum Vorsitzenden des Beirats der DVAG berufen. Ich verkündete die Berufung an diesem Tag vor 15 000 Menschen in der Köln-Arena.
Zunächst war Stille im Saal, dann kam es zu Beifall, sogar
Ovationen. Gegen allen Rat hatte ich mich zu dieser Berufung
entschlossen. Das ist es, was ich unter Freundschaft verstehe –
auch in schlechten Zeiten zusammenzuhalten.

Was verbindet Sie mit Helmut Kohl?

Seit mehr als 35 Jahren habe ich, mit Unterbrechungen, relativ engen Kontakt zu ihm. Immer wieder habe ich, vielleicht mehr als andere, seine Persönlichkeit und seine Erfolge aus der Nähe verfolgen und bewerten können.

Was war Ihrer Meinung nach Kohls größte politische Leistung?

Unbestritten, wie er die Chance zur deutschen Wiedervereinigung nutzte. Und das war die Voraussetzung für seine zweite große Leistung, entscheidend an der Gestaltung der europäischen Währungsunion und der Einführung des Euro mitgewirkt zu haben. Also »Vater« der deutschen Einheit und »Mitvater«, wenn man das so formulieren kann, der europäischen Einigung. Völlig zu Recht ist Helmut Kohl deshalb als erster Deutscher Ehrenbürger Europas geworden.

Sie haben ja schon erzählt, dass Sie 1971 im Bonner Konrad-Adenauer-Haus für die Bonnfinanz vier Etagen angemietet hatten. Kam es dabei zur ersten Begegnung mit Kohl?

Nicht unmittelbar bei unserem Einzug, erst später. Helmut Kohl war ja noch nicht Parteivorsitzender, galt aber schon als der kommende Mann. Er dachte wohl, wer wie ich mit der Bonnfinanz ins Konrad-Adenauer-Haus einzieht, der wolle wohl auch mal wissen, wer der Vermieter ist.

Und so kam Kohl mal kurz vorbei?

Ja, auf diese Weise begegneten wir uns das erste Mal.

Hat sich von da an eine Freundschaft entwickelt?

Nein. Unsere Freundschaft begann erst später. Ich habe Helmut Kohl zum Beispiel dadurch einen großen Gefallen getan, dass ich dem ehemaligen Präsidenten des Europaparlaments, Egon Klepsch, ein Angebot bei der DVAG machte. Für mein Unternehmen wurden später viele CDU-Politiker tätig, die aus der aktiven Politik ausgeschieden waren. Das fiel Helmut Kohl natürlich auf. So Mitte der neunziger Jahre wurde aus meiner guten Bekanntschaft mit Kanzler Helmut Kohl eine Freundschaft.

Hat Helmut Kohl Sie auch gelegentlich in wirtschaftspolitischen Fragen um Rat gefragt?

Nein, er hat eher meinen Rat in Angelegenheiten der Partei gesucht.

Zum Beispiel, wie die CDU das Spendenaufkommen erhöhen könnte?

Nein. Aber er wusste ja, dass ich viele soziale Einrichtungen unterstützte. Ich war ja auch ein sehr großer Förderer der von Hannelore Kohl gegründeten Hilfsorganisation »Kuratorium ZNS«, die sich um Verletzte mit Schäden des Zentralen Nervensystems kümmert.

Wer Helmut Kohl kennt, kann sich nur sehr schwer vorstellen, dass er Sie nicht auch einmal um eine Parteispende gebeten hat.

Das hat er nicht getan, schon deshalb nicht, weil er wusste, dass ich seinerzeit, ohne gefragt worden zu sein, die Frankfurter und die hessische Union finanziell stark unterstützte.

Es gab eine Spendenaffäre der CDU, und es gab Spender, die insgesamt mehr als zwei Millionen Mark direkt dem Parteivorsitzenden Kohl zukommen ließen. Jetzt frage ich ganz direkt: Haben Sie zu den Spendern gehört?

Ich zählte zu denen, die in den Medien verdächtigt wurden, Geld an Helmut Kohl gegeben zu haben. Darüber wurde viel geschrieben und spekuliert.

Die Frage lautete: Haben Sie anonym gespendet oder nicht?

Ich habe natürlich nicht anonym gespendet.

Zurück zu Helmut Kohl. Er hat die Namen dieser anonymen Spender mit der Begründung nicht genannt, er habe ihnen das Ehrenwort gegeben, die Namen nie zu nennen. Dafür hat Helmut Kohl politisch Nachteile hinnehmen müssen. Hat es Sie gewundert, dass Helmut Kohl dennoch zu seinem Ehrenwort stand?

Nein, das hat mich überhaupt nicht gewundert. Niemand, der Helmut Kohl auch nur einigermaßen kennt, hätte damit rechnen können, dass er seine klar geäußerte Meinung ändert und sein Ehrenwort bricht.

Sie wären also enttäuscht gewesen, wenn Kohl die Namen der Spender genannt hätte?

Ungeheuer! Es wäre mit meinem Bild von Helmut Kohl nicht zu vereinbaren gewesen. Ein Helmut Kohl bricht nicht sein Ehrenwort.

Im Januar 2000 hat ja das CDU-Präsidium den Altkanzler sogar per Beschluss aufgefordert, sein Ehrenwort zu brechen.

Wie die CDU Helmut Kohl damals behandelt hat, war nicht nur völlig falsch; die CDU hat Helmut Kohl auch sehr schlecht behandelt. Und die CDU fügte sich selbst dabei den größten Schaden zu. Ich mache diesen Kohl-Kritikern den Vorwurf, sich nicht in die Lage eines Spenders versetzt zu haben und damit auch nicht in die Lage Helmut Kohls. Nehmen Sie doch einmal mein Beispiel. Angenommen, ich hätte Helmut Kohl eine Barspende gegeben und als langjähriger guter Freund um Schweigen gebeten. Und dann hätte er meinen Namen doch genannt.

Was hätte das für Sie bedeutet?

Die Folgen wären für mich persönlich nicht so schlimm gewesen, für meine Mitarbeiter aber geradezu katastrophal. Denn unter den seinerzeit 30 000 Mitarbeitern und etwa 3,5 Millionen Kunden sympathisieren ja höchstens 40 Prozent mit der CDU. Meine Vermögensberater wären nicht nur von mir enttäuscht gewesen, sie hätten wegen der negativen Folgen bei ihren Kunden auch großen finanziellen Schaden erlitten. Und dies auf eine lange Zeit. Dazu hätte es nicht einmal eines Aufrufs zum Boykott unserer Vermögensberater etwa durch Herrn Ströbele bedurft. Der Aufruf von linken Politikern, Nestlé-Produkte nicht mehr zu kaufen, weil der ehemalige Nestlé-Chef Helmut Maucher im Jahr 2000 als Privatmann Helmut Kohl ganz legal eine Spende zukommen ließ, ist ja wohl der beste Beweis für diese Bewertung der Situation. Ich kann deshalb nicht verstehen, dass Wolfgang Schäuble nicht bereit war, sich in die Lage von Helmut Kohl zu versetzen. Stattdessen hat der CDU-Vorstand unter Schäubles Führung Helmut Kohl dazu gebracht, auf den Ehrenvorsitz der CDU zu verzichten. Wissen Sie, im Fußball kann es ja zu einem Eigentor kommen. Aber es ist unverzeihlich, wenn einer mit Absicht ins eigene Tor schießt.

Müsste die Partei Kohl das Amt des Ehrenvorsitzenden nicht wieder antragen?

Ja, das wäre meiner Meinung nach angebracht und würde auch der Union enorm helfen, gerade bei der jungen Generation. Ich weiß das von meinen vielen Tausenden Vermögensberatern, die zu dieser Generation gehören. Die Aberkennung war eine der größten Enttäuschungen für mich. Ich habe damals aus Protest gegen die Behandlung Kohls meine Mitgliedschaft in der CDU unterbrochen.

Wie oft sehen Sie sich heute noch?

Sehr oft.

Sie duzen sich?

Ja, seit vielen Jahren.

Zur Basis Ihrer Freundschaft zählt sicher, dass Sie beide derselben Generation angehören und dieselben politischen Überzeugungen haben.

Das spielt sicher eine Rolle. Aber wir haben noch viele andere Gemeinsamkeiten, nicht nur das Alter und die politischen Ansichten.

Zum Beispiel?

Das beginnt schon damit, dass wir beide im April Geburtstag haben und dass beide Väter Finanzbeamte waren. Wir wurden beide auch noch gegen Kriegsende als Luftwaffenhelfer eingezogen. Keiner von uns hat sich jemals scheiden lassen, und wir haben beide zwei Söhne.

Das sind verblüffende Parallelen.

Aber das ist noch nicht alles. Wir sind beide seit Jahrzehnten Ehrenmitglieder des 1. FC Kaiserslautern. Wir kämpften auch jahrzehntelang jedes Jahr in Österreich mit einer Mayr-Kur gegen die Pfunde: Helmut Kohl in Bad Hofgastein, ich mit meiner Frau am Wörthersee.

Kommen da etwa noch mehr Gemeinsamkeiten?

Ja, wir beide legen großen Wert auf Pünktlichkeit. Zugleich ist bei jedem von uns das Talent für Fremdsprachen eher unterentwickelt. Und dann lieben wir beide Hausmannskost. Da hat sich schon mancher Ober gewundert, wenn wir in einem Nobel-Restaurant Spiegelei mit Bratkartoffeln bestellt haben und kein Filetsteak.

Man kann wohl auch sagen, dass Sie beide immer unterschätzt wurden.

Ja, unsere Gegner und Wettbewerber haben uns beide unterschätzt. Helmut Kohl haben viele nicht zugetraut, dass er jemals Kanzler würde. Bei mir hielten es viele für ausgeschlossen, dass ich mit meiner Allfinanz-Idee Erfolg haben könnte und dass es mir gelingen würde, den Beruf des Vermögensberaters zu etablieren, und zwar gegen den Widerstand mächtiger Finanzkonzerne.

Es gibt aber auch mindestens einen gewichtigen Unterschied –
Helmut Kohl war in seinem Leben niemals FDP-Mitglied.

(Lacht.) Wo Sie recht haben, haben Sie recht.

Helmut Kohl ist seit dem Jahr 2000 auch für die DVAG tätig,
nämlich als Vorsitzender des Beirats. Was bringt er da ein?

Sehr viel. Die Themen, die unser Beirat bespricht, sind überwiegend gesellschafts- und sozialpolitischer Natur. Was zum
Beispiel im Bereich der Altersvorsorge geschieht, hat starke
Auswirkungen auf die Tätigkeit meines Unternehmens und
die Existenz meiner Mitarbeiter.

Der Altkanzler bringt eher seine politischen Analysen ein, we-
niger wirtschaftspolitischen Sachverstand?

Ich kann mich an keine der zweimal im Jahr stattfindenden
Sitzungen erinnern, in der Helmut Kohl nicht ganz entscheidend zu allen Themen etwas beigetragen hätte. Allerdings
konnte er nach seinem schweren Sturz Anfang 2008 einige
Male nicht teilnehmen. Umso mehr haben wir uns alle gefreut,
dass Helmut Kohl im Oktober 2009 wieder in unserer Runde
dabei war.

Der frühere Medien-Kaufmann Leo Kirch hat öffentlich be-
hauptet, sein Berater Kohl habe von Wirtschaft nicht viel ver-
standen. Ist das auch Ihr Eindruck?

Das unterschreibe ich überhaupt nicht, auch wenn das öffentlich gern behauptet wird. Helmut Kohl gehörte viele Jahre
lang dem Aufsichtsrat der Generali Holding an. Da hat er schon
manches andere Aufsichtsratsmitglied, gerade auch auf Seiten

der Arbeitnehmervertreter, mit seinen wirtschaftlichen Kennt-
nissen beeindruckt. Aber als Kanzler hat Helmut Kohl – leider, muss man sagen – die Wirtschafts- und Sozialpolitik zu
stark seinen Ministern überlassen und sich auf die Außenpoli-
tik konzentriert. Allerdings war dies eine der Voraussetzungen
dafür, dass er zum Vater der deutschen Einheit und zum »Mitvater« Europas werden konnte.

Wenn Sie eine Rangliste der bisherigen Bundeskanzler aufstel-
len würden, wen würden Sie an die erste Stelle setzen: Ade-
nauer, Brandt oder Kohl?

Trotz der unbestritten großen Verdienste Adenauers, den ich
als junger Student immer bewunderte, war Helmut Kohl un-
eingeschränkt der mit Abstand bedeutendste.

Sprechen wir über einen anderen ganz Großen, und zwar aus
dem Sport: Michael Schumacher. Er ist Werbeträger Num-
mer 1 der DVAG. Wie kamen Sie beide zusammen?

Wir lernten uns in einer Zeit kennen, als er noch nicht die großen Erfolge hatte wie heute. Das war bei seinem Wechsel zu
Ferrari. Zu meiner Geschäftspolitik gehörte es, nicht die her-
kömmlichen Medien zur Werbung zu nutzen. Deshalb suchte
ich nach jemandem, der als Werbeträger vor allen Dingen po-
sitiven Einfluss auf das Selbstbewusstsein unserer Mitarbeiter
hatte.

Sie kannten ihn nur, wie man eben einen jungen Rennfahrer
kennt?

Ja, nur aus den Medien. Wir sind dann an ihn herangetreten,
beziehungsweise an seinen Manager Willi Weber, mit dem

mich inzwischen auch eine enge Freundschaft verbindet. Wir glaubten, das beste Werbemittel eines Formel-1-Rennfahrers sei seine Kappe. Zunächst mussten wir uns aber langsam an die Mütze heranarbeiten.

Ihr Logo war zuerst auf dem Overall ...

... nein, auf dem Helm.

Warum ist die Mütze wichtiger als der Helm?

Wann sieht man schon den Helm? Im Fernsehen höchstens für einige Sekunden. Die Mütze ist viel öfter präsent. Im Fernsehen ebenso wie in den Printmedien. Damals hatten wir auch seinen Bruder Ralf angesprochen und konnten beide Schumacher-Brüder gewinnen. Dass wir mit Ralf nichts mehr zu tun haben, liegt daran, dass Michael Schumacher als Einziger in der Formel 1 das Werbemittel »Kappe« frei bestimmen kann. Die anderen Fahrer sind an die Teams gebunden, und die bestimmen, wer Sponsor sein darf.

Ihre Kunden sind ja eher Durchschnittsverdiener. Michael Schumacher ist Multimillionär, der gar nicht die Zeit hat, das Geld auszugeben, das er verdient. Wieso passt er zur DVAG?

Niemand, der einer breiten Öffentlichkeit bekannt ist, passt besser zu uns. Er ist Symbol für die wesentlichen Eigenschaften, die jemanden dazu befähigen, innerhalb der Deutschen Vermögensberatung erfolgreich zu sein – Leistungsbereitschaft zeigen, Disziplin haben, nicht aufgeben, wenn Misserfolge sich einstellen. Schumacher verkörpert Teamgeist wie kein Zweiter. Seit er Formel 1 fährt, gab es keine Pressekonferenz, bei der er nach dem Sieg nicht seinem Team gedankt

hätte. Zusammenarbeit ist auch eines der Erfolgsrezepte der
DVAG.

Er ist sozusagen Motivator für die Vermögensberater?

Ja, für die Berater, und nicht in erster Linie für die Kunden.
Die spielen hier eine untergeordnete Rolle. Aus einfachen Verhältnissen kommend, kann man große Erfolge erringen, wenn
man bereit ist, sich einzusetzen. Dafür steht Michael Schumacher. Das soll er unseren Vermögensberatern vermitteln.

Apropos Vorbildfunktion: Stört es Sie nicht, dass er seine Steu-
ern nicht in Deutschland zahlt?

Keineswegs. Das hat auch etwas mit unserem Steuersystem
zu tun. Im Übrigen ist er der allerbeste Botschafter Deutschlands, den es gegenwärtig gibt. Seinerzeit, 1954, verschaffte
das Wunder von Bern dem jungen Nachkriegsdeutschland
Selbstbewusstsein. Wenn ich die heutige Zeit betrachte, sind
wir wieder ziemlich unten im internationalen Ansehen. Aber
Michael Schumacher ist ein Deutscher, der weltweit hoch im
Kurs steht. Wenn er gesiegt hat, hören Hunderte von Millionen
Menschen auf der ganzen Welt die deutsche Nationalhymne
und sehen die deutsche Flagge. Das hat weltweit eine größere
Resonanz als viele Auslandsreisen mancher Politiker.

Trotzdem: Wenn alle, die viel Geld verdienen, ins Ausland
gehen, um Steuern zu sparen, müssen die kleinen Leute in
Deutschland noch mehr Steuern zahlen, um die Lücke zu
schließen.

Das mag sein. Aber schließlich ist ein Schumacher auch bereit, eine Million für Kinder oder einen anderen guten Zweck

zu spenden. Nehmen Sie nur die große Flutkatastrophe in Südostasien an Weihnachten 2004. Da hat Michael Schumacher spontan 7,5 Millionen Euro gespendet. Das war meines Wissens die mit Abstand größte private Spende aus Deutschland. 7,5 Millionen Euro – die meisten deutschen Konzerne haben viel weniger gegeben. Was Schumacher also für die Nation leistet, ist ein Vielfaches dessen, was er als Steuerzahler bewirken könnte. Außerdem lebt er in einem komplexen, steuerrechtlich schwierigen Umfeld. Wohl kaum einer der Formel-1-Fahrer könnte mit Wohnsitz Deutschland alle steuerrechtlichen Bestimmungen einhalten, da müsste jeder mehrere Steuerberater beschäftigen. Ich habe jedenfalls Verständnis für Schumachers Entscheidung.

Sie haben Schumacher also engagiert und dabei auch privat kennengelernt.

Das entwickelte sich aus der geschäftlichen Verbindung. Daraus ist eine sehr enge freundschaftliche Beziehung entstanden, übrigens auch zwischen unseren Familien. Im persönlichen Umgang hat er eine ungekünstelte, sympathische Ausstrahlung, die das Fernsehen gar nicht rüberbringen kann.

Gehen Sie manchmal zu seinen Rennen?

Ganz selten. Meist sehe ich sie mir im Fernsehen an.

Was schätzen Sie privat besonders an ihm?

Zum Beispiel das Fehlen einer Arroganz, die Erfolgreichen sonst oft eigen ist. Auch hört man von Schumacher so gut wie nie negative Äußerungen über Konkurrenten. Seinen Team-Geist habe ich ja schon erwähnt. Zudem bewundere ich sein

vorbildliches Familienleben. Seine Gelassenheit vor jedem
Start ist ein Zeichen seiner Diszipliniertheit. Bewundernswert
ist auch, wie er sich von der Klatschpresse fernzuhalten versteht. Michael Schumacher als der erfolgreichste deutsche
Sportler aller Zeiten ist immer auf dem Boden geblieben.

Gibt es etwas, das Sie an ihm weniger schätzen?

Es wäre mir unmöglich, bei irgendeinem Punkt zu sagen, der
stört mich.

Fragt Schumacher Sie auch in finanziellen Dingen um Rat?

Durchaus. Aber ich gebe ihm keine konkreten Anlagetipps. Er
ist Kunde bei der DVAG, aber nicht in großem Umfang.

Er hat wohl auch noch Investment-Banker.

Mit Sicherheit.

*Sie haben Beziehungen zu Politikern wie Helmut Kohl oder zu
Prominenten wie Michael Schumacher. Denken Sie manch-
mal, wenn ich nicht so erfolgreich wäre, gäbe es diese engen
Kontakte nicht?*

Als ich vor über 30 Jahren Helmut Kohl kennenlernte, war ich
noch nichts. Die Bekanntschaft ergab sich aus rein geschäftlichen Gründen. Bei Schumacher wäre die fast familiäre Verbundenheit nicht zustande gekommen, wenn ich nicht als
Sponsor aufgetreten wäre. Aber schon seit vielen Jahren spielt
das zwischen uns keine Rolle mehr. Dabei müssen Sie wissen:
Ich unterscheide zwischen Erfolgs-Freundschaften und echten
Freundschaften. Erfolgs-Freunde sind jene, die nur Freunde

bleiben, solange man Erfolg hat. Schumacher denkt ebenso. Er sagte mir, er wisse, dass unsere Freundschaft bestehen bleiben werde, auch wenn er nicht länger Rennen fahre.

Haben Sie viele gute Freunde?

Nein, relativ wenige. Aber diese Freundschaften sind dann ganz besonders eng. Ich hätte ja gar nicht die Zeit für einen allzu großen Freundeskreis. Freundschaften wollen ja auch gepflegt sein.

Kann man mit Freunden Geschäfte machen?

Man kann, aber man sollte es nicht.

John D. Rockefeller hat gesagt, eine Freundschaft, die sich aus geschäftlichen Beziehungen entwickelt, ist besser als Geschäfte, die aufgrund von freundschaftlichen Beziehungen zustande kommen.

Da stimme ich hundertprozentig zu.

9
Prinzip Vorsorge

»Nie auf andere verlassen – weder auf den Staat noch auf die Familie«

Den Deutschen wird nachgesagt, sie seien übervorsichtig, risikoscheu, geradezu Sicherheitsfanatiker. Deshalb sei der Durchschnittshaushalt eher über- als unterversichert. Der Deutsche nutzt demnach bei der Vorsorge am liebsten Hosenträger und Gürtel. Wie lautet Ihr Urteil?

Zu einem gewissen Grad ist das berechtigt und hat sicherlich unterschiedliche Ursachen. Es gibt viele Deutsche, die versichern Dinge, die nicht lebenswichtig sind. Das hängt mit dem früher üblichen Vertriebssystem zusammen. Über Jahrzehnte dachten die Versicherungsgesellschaften nur in Sparten, so dass jeder Branchenvertreter alle Überzeugungskraft aufwendete, um sein Produkt zu verkaufen. Der eine eben eine oder mehrere Lebensversicherungen, der andere eine Haftpflichtversicherung, der dritte eine Rechtsschutz- oder Krankenversicherung usw. Deshalb hatten viele Bürger mit einem halben Dutzend Vertretern zu tun und schlossen oft mehr Versicherungen ab, als sie eigentlich brauchten. Ich sehe also in der Annahme, dass viele Menschen eher überversichert sind, keine besondere Veranlagung der Deutschen, sondern eine Folge des falschen Vertriebssystems. Das ist aber inzwischen durch mein Allfinanz-Konzept nachhaltig verändert worden.

Gehen wir die wichtigsten Versicherungssparten durch und beginnen wir beim Schutz gegen Krankheit. Dank der gesetzlichen Versicherung sind die Deutschen da wohl ganz gut versorgt?

Richtig.

Wie sieht es beim Schutz zusätzlich zur gesetzlichen Krankenversicherung aus?

Das Gefühl ist weit verbreitet, dass zwar der gesetzliche Schutz besser ist als in anderen westlichen Ländern, dass aber eine Zweiklassengesellschaft existiert. Beim Arzt findet man als Kassenpatient überwiegend nicht die gleiche Beachtung wie ein privat Versicherter. Da haben die privaten Versicherungsgesellschaften noch eine große Chance.

Aber nur knapp zehn Prozent der Deutschen sind bei Privatkassen versichert.

Die Mehrheit ist gezwungen, gesetzlich versichert zu sein.

Aber mehr als zehn Prozent der Bürger verdienen mehr als 4000 Euro im Monat, könnten also zur privaten Krankenversicherung wechseln. Ganz abgesehen von den vielen Beamten, die sich wegen der Beihilfe privat versichern müssen.

Unbestritten.

Liegt das an der Mentalität der Deutschen: lieber Staat als privat?

Das ist es wohl nicht, zumal bei der Krankenversicherung die Deutschen den Staat nicht wahrnehmen. Sie sehen die Vielzahl der gesetzlichen Krankenkassen, Betriebskrankenkassen und Ersatzkassen. Deshalb haben die Menschen den Eindruck, relativ frei in ihrer Entscheidung zu sein.

Persönlich ziehe ich als privat Versicherter nach fast 40 Jahren eine negative Bilanz: Die privaten Versicherungen zocken die Versicherten ab. Die Beiträge explodieren, und bei den Erstattungen geht es immer kleinlicher zu. Die Privatversicherungen wissen halt, dass man von einem gewissen Alter an nicht mehr zur Konkurrenz wechseln kann. Das widerspricht allem, was man sich an Wettbewerb vorstellt.

Der Anteil der privat Versicherten ist nicht so hoch wie in anderen Ländern. Dennoch ist die private Krankenversicherung der einzige Lösungsansatz für unser marodes Gesundheitssystem. Nur das hier praktizierte Kapitaldeckungsverfahren wird in der Lage sein, die in der Zukunft noch anwachsenden Probleme innerhalb unseres Gesundheitswesens zu lösen.

Die DVAG müsste doch Interesse am Vertrieb eines besseren Produkts haben. Also einer Krankenversicherung, die die vollständige Mitnahme der Altersrückstellung beim Versicherungswechsel erlaubt. Dann müssten alle privaten Anbieter darauf achten, dass unzufriedene Kunden nicht gehen.

Die Art, wie die Altersrückstellungen behandelt werden, führt ja zu grotesken Ergebnissen. Wenn ein unzufriedener Kunde so verärgert ist, dass er die Police storniert, wird die Versicherung noch dadurch belohnt, dass ein großer Teil seiner Altersrückstellungen bei ihr verbleibt. Wenn viele unzufriedene

Kunden gehen, steht die Versicherung letztlich besser da – eine völlig unbefriedigende Situation.

Wäre es für den Einzelnen nicht besser, sich bei einer Ersatz-kasse zu versichern und das mit einer privaten Zusatzversiche-rung zu kombinieren?

Für manche, nicht für alle. Die privaten Krankenversicherun-gen leben im Augenblick überwiegend von den Zusatzversi-cherungen. Es wird aber immer eine Schicht geben, die nur privat versichert ist. Der eine will halt einen Mercedes und zahlt entsprechend mehr.

Bei allem Herumdoktern der Politik am Gesundheitssystem gilt offenbar das Prinzip »Nach der Reform ist vor der Re-form«.

Das kann man wohl sagen. Mich stört vor allem, dass alle Re-gierungen in der Gesundheitspolitik sich sehr stark auf die Ein-nahmeseite konzentrieren. Gegen die ungeheure Verschwen-dung innerhalb des staatlichen Gesundheitssystems wird fast nichts unternommen. Vor allem vermisse ich auch bei den ak-tuellen Vorschlägen eine echte Selbstbeteiligung. Wenn die Bürger – wie bei der Kasko-Versicherung – zuerst eine Eigen-leistung erbringen müssten, bevor sie die Versicherung in An-spruch nehmen können, würden die Kosten der Krankenkas-sen sofort sinken.

Kommen wir zur Haftpflichtversicherung. Sind die Deutschen zu gut geschützt oder zu wenig?

Bei der Haftpflicht ist der Schutz insgesamt nicht übertrieben. Es gibt aber zu viele spezielle Versicherungen von der Kinder-

Haftpflicht bis zur Hunde-Haftpflicht. Da wäre eine Verein-
heitlichung sehr sinnvoll.

*Als Nächstes: Berufsunfähigkeit. Wie vorsichtig beziehungs-
weise leichtsinnig sind die Deutschen auf diesem Feld?*

Da sind die Deutschen viel zu leichtsinnig. Neben der nicht
mehr ausreichenden Altersversorgung ist die mangelnde Absicherung gegen Berufsunfähigkeit eine ganz große Gefahr.
Darüber sind sich vor allem jüngere Menschen nicht im Klaren.

*Müsste die Absicherung gegen Berufsunfähigkeit für junge
Leute also die wichtigste Versicherung sein?*

Absolut. Ich habe schon vor mehr als 40 Jahren, also in meiner
Zeit bei Gerling, meine Kunden entsprechend beraten. Deshalb lege ich großen Wert darauf, dass unsere Vermögensberater hier entsprechend aufklären. Dieses Risiko abzusichern,
zählt zu den goldenen Regeln bei der Vorsorge. Es geht um
die Existenzfrage. Wozu braucht der Durchschnittsbürger eine
Versicherung gegen Glasbruch oder eine Kfz-Vollkasko-Ver-
sicherung ohne Selbstbeteiligung? An den Kosten für eine
neue Fensterscheibe kann er nicht bankrottgehen. Aber wenn
ein junger Mensch berufsunfähig wird und auf Sozialhilfe angewiesen ist, dann ist er arm dran. Ein zweites großes Thema,
das mir erhebliche Sorgen bereitet, ist die Pflegeversicherung.
Ein Pflegefall ist heute überhaupt nicht mehr zu bezahlen.

Die gesetzliche Pflegeversicherung regelt ein Minimum.

Ja, aber wer kann sich heute privat überhaupt noch ein Pflege-
heim leisten? Gleichzeitig wächst das Defizit in der Pflegeversicherung. Die Situation wird immer schlimmer.

Das hatte aber weder Rot-Grün noch Schwarz-Rot zu verant-worten.

Nein, nein. Die im Umlageverfahren finanzierte Pflegever-sicherung war ein großer Fehler der Regierung von Helmut Kohl. Aber dahinter steckte wieder einmal Norbert Blüm.

Brauchen wir im Zweifelsfall für die Pflege nicht auch eine private Zusatzversicherung, so wie bei der Rente?

Für die freiwillige Bereitschaft dazu muss unbedingt gewor-ben werden, auch wenn die Zusatzausgaben auf Kosten man-ches Urlaubs gehen. Man muss den Leuten einhämmern, dass sie sich im Alter jedenfalls nicht auf ihre Kinder verlassen können. Ausnahmen bestätigen auch hier die Regel. Aber ge-nerell muss auch hier jeder für sich sorgen und vorsorgen.

Die schwarz-gelbe Koalition hat angekündigt, in der Pflege-versicherung eine zusätzliche Säule mit Kapitaldeckung einzu-führen. Das läuft wohl darauf hinaus, dass jeder eine private Zusatzversicherung abschließen muss, die Versicherungsge-sellschaft aber frei wählen kann. Ein Weg in die richtige Rich-tung?

Ja, zweifellos. Denn es kann ja niemand die Augen davor ver-schließen, dass die Defizite in der Pflegeversicherung deutlich ansteigen.

Und sicher ein gutes Geschäft für alle privaten Versicherer, oder nicht?

Wenn der Staat das selber macht, kostet es im Zweifelsfall mehr Geld. Ganz abgesehen davon: Die Landwirte, die Metzger und Bäcker verdienen bekanntlich daran, dass Menschen Hunger haben. Warum sollen denn Versicherungen und Vermögensberater nichts verdienen, wenn sie die Nachfrage nach finanzieller Sicherheit befriedigen?

Kommen wir zur Rente. Kann man Vater Staat als Vertragspartner noch trauen?

Ich glaube, schon deshalb nicht, weil er sich sozusagen eine Tarnkappe übergezogen hat. Dem größten Teil der Bevölkerung ist gar nicht bewusst, wie oft der Staat in der Vergangenheit Einschnitte in die Leistungen vorgenommen hat und wie gering damit seine gesetzlichen Renten sein werden.

Ich musste 1974 zum ersten Mal als wissenschaftlicher Angestellter an der Uni in die gesetzliche Rentenversicherung einzahlen. Seitdem sind die Beiträge gestiegen und die Leistungen ständig reduziert worden: von der Brutto-Anpassung der Renten zur Netto-Anpassung, dann kam der Krankenversicherungsbeitrag für Rentner, dann gab es Abschläge bei vorzeitigem Rentenbeginn, die Anrechnung von Ausbildungszeiten wurde deutlich verschlechtert und so weiter und so fort. Bei einem privaten Anbieter würde man von Betrug sprechen.

Der Spruch von Norbert Blüm »Die Rente ist sicher« hat eben nicht gestimmt. Wenngleich man juristisch nicht von einer bewussten Täuschung sprechen kann.

Der Staat ändert ständig das Kleingedruckte in dem sogenannten Generationenvertrag.

Dennoch glauben aus den Erfahrungen früherer Generationen noch immer zu viele Leute, die gesetzliche Absicherung sei ausreichend. Das halte ich für eine ganz gefährliche Selbsttäuschung.

Nach dem Motto: Es hat beim Vater gereicht, es hat beim Großvater gereicht.

So ist es. Man glaubte, wenn ich 65 bin, brauche ich mich ums Geld nicht mehr zu kümmern.

Eine Rente in Höhe von knapp 70 Prozent des letzten Nettoeinkommens, daran hatten sich ganze Generationen gewöhnt.

Das werden in absehbarer Zeit weniger als 50 Prozent sein.

Lässt sich die drohende Altersarmut noch abwenden? Welche Jahrgänge haben Ihrer Meinung nach noch Zeit, eine ausreichende private Zusatzversorgung aufzubauen?

Grundsätzlich ist es nie zu spät, noch etwas für die Altersvorsorge zu tun. Nur muss man wissen, dass ich umso höhere Beträge aufwenden muss, je später ich damit anfange. Unser Motto »Früher an später denken« hat ja auch etwas mit Mathematik zu tun. Je früher ich mit der privaten Vorsorge anfange, desto stärker wirkt der Zinseszins-Effekt.

Der Staat muss die Rentenkasse mit immer höheren Zuschüssen stabilisieren. Wenn die Finanznot noch größer wird, steht dann nicht zu befürchten, dass der Staat eines Tages die private Vorsorge auf die staatliche Rente anrechnet?

Da könnten Sie leider recht haben. Durch die Diskussion um »Hartz IV« hat sich ja schon im Bewusstsein der Bevölkerung etwas Gravierendes verändert. Die Leute wissen, wenn jemand Arbeitslosengeld II beziehen möchte, dann wird ihm die staatliche Leistung gekürzt, falls er privat vorgesorgt hatte. Da hat der eine gespart und bekommt deshalb weniger vom Staat. Der Nachbar aber hat, auf gut Deutsch gesagt, alles verfressen und bekommt die volle Leistung. Das empört die Menschen zu Recht. Den wenigsten ist allerdings bewusst, dass das Arbeitslosengeld II nicht deshalb gekürzt werden darf, weil der Antragsteller ein Guthaben auf seinem Riester-Konto hat oder im Rahmen der betrieblichen Altersvorsorge einiges angespart hat.

Die neue Regierung verdreifacht immerhin das sogenannte Schonvermögen, das beim »Hartz IV«-Bezug nicht angerechnet werden darf.

Das war zweifellos ein richtiger Schritt. Aber wer zu viel privat vorgesorgt hat, kann immer noch bestraft werden. Und das halte ich für ein Unding. Private Vorsorge fürs Alter dürfte bei »Hartz IV« überhaupt nicht angerechnet werden.

Die Regierung Schröder/Fischer hat zwei staatlich geförderte Möglichkeiten zur privaten Altersvorsorge eingeführt: die Riester-Rente und die Rürup-Rente. Mal abgesehen von der Ausgestaltung im Detail: Das war doch im Grundsatz richtig?

»Riester« kam im Zusammenhang mit einem Einschnitt in der gesetzlichen Versorgung. Insofern ist das der richtige Ansatz. Ich werfe dem Staat aber vor, dass er dies dem Bürger nicht ausreichend klarmacht. Der Staat müsste noch viel deutlicher sagen, wie wichtig es ist, die drohende Versorgungslücke im Alter durch eine private Zusatzrente zu schließen.

Zusätzliche private Vorsorge mit kräftiger staatlicher Förde-
rung – hätten das von der Ideologie her nicht CDU und FDP
schon viel früher machen müssen?

Im Prinzip schon. Die Regierung Kohl war aber in Schwierigkeiten, weil sie Norbert Blüm zu lange gefolgt ist. Als
der sagte, die Rente ist sicher, konnte man nicht gleichzeitig
Alarm schlagen und die Bürger zur privaten Vorsorge auffor-
dern.

Haben Sie denn nie zu Kanzler Kohl gesagt, Helmut, das geht
nicht gut?

Ich muss gestehen, dass ich mich vielleicht früher hätte beim
Kanzler melden sollen. Aber es war nicht sein Thema.

Worin liegen die Vorzüge der Riester-Rente?

Der größte Vorteil ist die staatliche Förderung. Eine Familie mit
zwei Kindern bekommt bei entsprechender Eigenleistung – je
nach Alter der Kinder – bis zu 908 Euro vom Staat geschenkt.
Hinzu kommen unter Umständen auch noch Steuervorteile.
Das ist ja etwas. Und für Bezieher von Arbeitslosengeld II,
also »Hartz IV«, ist die Rechnung noch positiver: Da hat ein
Familienvater mit der Riester-Mindestleistung von 5 Euro im
Monat oder ganzen 60 Euro im Jahr Anspruch auf staatliche
Förderung von mehreren hundert Euro. Das ist ja wirklich
kein schlechtes Geschäft.

Und wo liegen die Nachteile?

Die zweifelhaft vorhandenen Vorzüge werden beeinträchtigt durch die komplizierte Form der Abwicklung. Man hat da

einen Riesenapparat aufgebaut, hat alles verbürokratisiert und reglementiert. Da wurden bis Ende 2003 mehr als 3660 verschiedene Angebote als förderungswürdig zertifiziert. Da sollte wieder für jeden speziellen Fall Vorsorge getroffen werden. Inzwischen hat die Regierung ja einige Schwachpunkte beseitigt und damit zugegeben, dass Fehler gemacht wurden.

Wenn Sie über den bürokratischen Aufwand bei der Zertifizierung von Riester-Angeboten klagen: War es nach den Erfahrungen der Finanzkrise nicht vielleicht doch richtig, dass der Staat nicht jedes Angebot mit Steuergeldern fördert?

Dass der Staat genau hinschaut, welches Finanzprodukt er mit Steuergeldern unterstützt, ist prinzipiell richtig. Aber muss das immer so kompliziert und mit so einem großen bürokratischen Aufwand verbunden sein? Da habe ich doch meine Zweifel.

Im Gefolge der Finanzkrise gab es bei einem großen Anbieter von Riester-Sparplänen, der »Union Investment«, viel Ärger. »Union Investment« hat Aktienfonds in Rentenfonds umgetauscht; da wurden bei 360 000 Kunden Verluste realisiert. Verträgt sich das mit dem Konzept der sicheren Altersvorsorge?

Nein, das ist genau das Gegenteil davon. Ich kann deshalb gut verstehen, dass sehr viele Volksbank-Kunden, die diese Produkte gekauft haben, von der Bank und dem Fonds enttäuscht sind. Bei den von uns vertriebenen Riester-Produkten gab es so etwas nicht.

Bei »Riester« hat die Regierung das Vorsorge-Angebot noch ausgeweitet. Seit 2008 können im Rahmen von »Wohn-Ries-

ter« die geförderten Sparbeträge auch zur Finanzierung eines
Eigenheims oder einer Eigentumswohnung eingesetzt werden.
Was halten Sie davon?

Ich bin da etwas skeptisch, weil Wohneigentum nicht in jedem
Fall zur Vorsorge im Alter geeignet ist. Es stellt sich ja immer
die Frage, ob die Altersbezüge ausreichen, die laufenden Kosten eines Eigenheims zu finanzieren. Und wenn man ein Haus
oder eine Wohnung verkaufen muss, dann hängt man beim
Preis sehr von der Marktlage ab.

Wenn wir Bilanz ziehen: Ein ganz großer Erfolg ist »Riester«
bisher nicht.

Etwa 13 Millionen Deutsche, weniger als 40 Prozent der An-
spruchsberechtigten, haben die Rente angenommen. Da wirkt
natürlich auch nach, dass Verbraucherschützer und Medien die
Riester-Rente von Anfang an negativ dargestellt haben.

Aber für die DVAG war »Riester« ein Erfolg, Sie haben relativ
viele Verträge abgeschlossen.

Bislang haben wir mehr als 1,4 Millionen Verträge vermittelt.
Wir vertreten die Ansicht, dass es keine private Vorsorgeform
gibt, die eine so hohe staatliche Förderung genießt. Allerdings
besteht ein erheblicher Aufklärungsbedarf. Das eröffnet aber
auch Chancen für uns. Wer als Berater einen solchen Vertrag
abschließt, hat den Kunden praktisch auf Dauer an sich gebunden. Denn der Kunde braucht bei diesem Produkt ständig neue
Beratung.
　　Das Riester-Geschäft hat aber nicht nur Vorteile für unsere
Berater. Bei Gesprächen mit Kunden stellt sich immer häufiger heraus, dass die Bürger irrtümlicherweise meinen, dass

ein Riester-Vertrag ausreicht, um die Lücken der gesetzlichen Rentenversicherung zu schließen. Deshalb meinen manche Kunden, der Abschluss weiterer privater Vorsorgeverträge sei nicht notwendig. Dabei ist »Riester« nur der Ausgleich für die Absenkung des Rentenniveaus, aber keine echte private Zusatzversicherung.

Ihre Vermögensberater sind also Helfer des Staates?

Ja, so ist es. Der Staat braucht Helfer, vor allem sachkundige. Er kann ja nicht die Bundeswehr oder die Feuerwehr einsetzen, um die private Altersvorsorge voranzubringen. Wir sind somit die Exekutive des Staates, denn er hat auf dem Gebiet der privaten Vorsorge keine eigene. Ich habe aber manchmal den Eindruck, dass der Staat gar nicht so sehr an möglichst vielen Riester-Verträgen interessiert ist. Wenn alle Berechtigten sich für »Riester« entscheiden würden, müsste der Bundesfinanzminister jährlich mehr als 2,5 Milliarden Euro an Zuschüssen lockermachen. So aber kostet es ihn nur einen Bruchteil davon. Der Staat spart also Geld, wenn die Bürger nicht ausreichend Vorsorge treffen.

Sie sagten, die Vermögensberater helfen dem Staat. Aber sie verdienen ja auch an »Riester«.

Ja, aber die Berater verdienen relativ wenig daran. Wer in derselben Zeit eine normale Lebensversicherung verkauft, verdient wesentlich mehr. Wir machen es trotzdem. Und wir klären darüber auf, wie wenig aus der gesetzlichen Rente noch zu erwarten ist.

In den ersten Jahren gab es erhöhten Beratungsbedarf, weil man während dieser Zeit die Eigenleistung aufstocken konnte.

Ja, alle zwei Jahre. Man hat mit einem Prozent begonnen. Es ging bis vier Prozent des Jahresbruttoeinkommens. Das sind dann stattliche Beträge.

Stocken die Leute auf?

Bei uns machen das inzwischen 90 Prozent.

Und Ihr Marktanteil?

Im Neugeschäft zählen wir zu den Marktführern. Bisher wurde jeder achte Riester-Vertrag über die DVAG abgeschlossen. Beim Bestand liegt zwar die Allianz noch vor uns, aber deren Vorsprung wollen wir weiter verringern.

Wird die Riester-Rente sich durchsetzen?

Ich glaube, ja.

Kommen wir zur »Rürup«-Rente. Dieses Angebot gibt es ja erst seit dem 1. Januar 2005. Sie haben das damals heftig als »Rohrkrepierer« kritisiert – und heute sind Sie Marktführer.

Ja, da habe ich damals Schelte gekriegt. Aber meine heftige öffentliche Kritik hat dazu beigetragen, dass die Bedingungen für »Rürup« erheblich verändert wurden.

Zum Beispiel?

Selbständige dürfen die Beiträge für ihre Rürup-Versicherung zusätzlich zu den bisherigen Altersvorsorgeaufwendungen steuerlich absetzen. Das macht »Rürup« natürlich unter steuerlichen Aspekten sehr attraktiv, wenn man bedenkt, dass man jährlich 20 000 Euro einzahlen kann, bei Ehepaaren sogar 40 000 Euro, und davon inzwischen 70 Prozent als Sonderausgaben geltend machen darf. Nun würde ich niemandem raten, nur deshalb fürs Alter vorzusorgen, um Steuern zu sparen. Aber wenn die vernünftige Vorsorge mit erheblicher Steuerersparnis verbunden ist – umso besser.

Sie haben 2005 auch die fehlende Hinterbliebenenversorgung bei »Rürup« scharf kritisiert. Sie sagten einmal, wer stirbt, ehe er Rürup-Rente beziehen kann, hat sein Geld auf gut Deutsch für die Katz' ausgegeben.

Genau so war das, und deshalb hat »Rürup« anfänglich nicht funktioniert. Aber auch da hat unsere ständige Kritik etwas bewirkt. Nach der Neuregelung ist das Geld nicht automatisch weg, wenn der Versicherte stirbt, sondern die Witwe oder der Witwer profitieren davon, ebenso die Kinder, jedenfalls solange sie in Berufsausbildung sind.

Müsste bei »Rürup« noch etwas repariert werden?

Ja, es müsste auch möglich sein, in Notfällen einen bestimmten Teil der angesparten Summe in Anspruch zu nehmen – wie das auch bei »Riester« jetzt nachträglich möglich gemacht wurde.

Kommen wir zur betrieblichen Altersvorsorge. Seit dem 1. Januar 2002 gibt es den Rechtsanspruch aller Angestellten und Arbeiter gegenüber dem Arbeitgeber, Gehaltsbestandteile in den Aufbau einer Betriebsrente zu investieren. Wie sind Ihre Erfahrungen?

Unterschiedlich. Der Vermittler muss zweimal überzeugen: den Arbeitnehmer, dass das vernünftig ist, und den Arbeitgeber, damit der zustimmt.

Der Arbeitgeber kann bestimmen, wo der Gehaltsbestandteil angelegt wird. Beraten Ihre Berater auch die Arbeitgeber?

Sie müssen, überwiegend in kleineren Betrieben. Bisher haben wir das in mehr als 110 000 Betrieben getan.

Es gibt in Deutschland aber drei Millionen Betriebe. Da sind 110 000 nicht sehr viele.

Wir haben da einen Wettbewerbsnachteil. Konzerne wie die Allianz können zu ihren Unternehmenskunden sagen, wenn du die betriebliche Altersvorsorge deiner Mitarbeiter über uns regelst, dann erhöhen wir dir bei der Feuerversicherung oder bei der Haftpflicht die Prämie nicht. Solche »Geschäfte« können wir nicht machen, wir können da keinen Druck ausüben.

Jetzt zum wichtigsten Instrument der privaten Vorsorge, der Lebensversicherung. Die ist und bleibt wohl der Deutschen liebstes Kind?

Unbestritten, das war schon die beliebteste Form der privaten Vorsorge, als die Menschen noch Vertrauen in die staatliche Rente hatten. Zurzeit gibt es mehr als 96 Millionen Verträge bei etwas mehr als 82 Millionen Einwohnern. Wenn wir nur auf die alte Bundesrepublik schauen, da hatten wir 1990 rund 72,4 Millionen Lebensversicherungen bei 63 Millionen Einwohnern, also eine noch höhere Quote als heute. Und die Bankenkrise hat die Attraktivität der Lebensversicherung noch erhöht. Banken mussten vom Staat gerettet werden, man-

che Bankprodukte wie Lehman-Zertifikate waren über Nacht
nichts mehr wert. Aber die Lebensversicherungen haben auch
diesen Sturm überstanden. Da gab es vor Jahren nur eine Ausnahme, eine kleinere Versicherung in Mannheim. Aber das
wurde ohne Schaden für die Versicherten geregelt.

*Nun sinkt seit Jahren die Überschussbeteiligung. Hat das
nicht die Glaubwürdigkeit des Produkts beeinträchtigt?*

Ja und nein. Die Versicherungsgesellschaften haben unterschiedlich reagiert. Ich bin sehr stark in die Fondsgebundene
Lebensversicherung gegangen. Das heißt, die Beiträge werden nicht in Immobilien, einzelnen Aktien oder festverzins-
lichen Wertpapieren angelegt, sondern in Fonds, wie es in Eng-
land fast ausnahmslos üblich ist. Der Kunde kann entscheiden,
in welchen Fonds er seine Beiträge investiert haben möchte –
Renten, Aktien oder gemischt. Auf diese Weise schützen wir
das gesparte Kapital gegen allzu heftige Kursschwankungen.

*Aber in der Finanzkrise sind natürlich auch die Kurse der
Fonds in den Keller gegangen und damit auch der Wert der
Fondsgebundenen Lebensversicherungen.*

Ja, wer nur auf Aktienfonds gesetzt hat, hat auf dem Papier
Verluste erlitten. Wer aber Mischfonds gewählt hat, der hat die
Krise besser überstanden. Aber das sagen meine Berater ihren
Kunden immer: Eine Lebensversicherung auf der Basis von
Aktienfonds bietet die Chance auf höhere Renditen – aber
nicht ohne Risiko.

*Für alle Verträge, die nach dem 1. Januar 2005 abgeschlossen
werden, wird die Summe der Erträge voll besteuert. Falls die
Summe erst nach dem 60. Lebensjahr fällig wird, wird der Er-*

trag nur zur Hälfte besteuert. Bedeutet das den Tod der Le-bensversicherung?

Nein, sie wird ein Pfeiler bei der privaten Vorsorge bleiben. Sie ist auch noch immer das aus steuerlicher Sicht am besten geeignete Produkt für private Vorsorge. Die Lebensversiche-rung ist übrigens auch weltweit die bevorzugte Form der pri-vaten Vorsorge, auch in solchen Ländern, wo die Lebensversi-cherung steuerlich nur ganz geringfügig begünstigt wird.

Bei der Kapitallebensversicherung lege ich mich ja auf 30, 40 Jahre fest. Aber wenn ich arbeitslos werde, kann ich viel-leicht die Beiträge nicht mehr zahlen, oder wenn ich dringend Geld brauche, komme ich nur unter erheblichen Verlusten an das angesparte Geld heran. Passt also das Produkt Kapital-lebensversicherung noch in unsere schnelllebige, zur Flexibi-lität zwingende Zeit?

Die herkömmliche Kapitallebensversicherung mit festen Bei-trägen, einer garantierten Mindestverzinsung und der Auszah-lung der Gesamtsumme im Alter von 60 oder 65 Jahren ist in der Tat vielen zu unflexibel. Allerdings wollen viele Men-schen, aus verständlichen Gründen, mit ihren Beiträgen an der Entwicklung der Aktienmärkte teilhaben. Auch spielt der Wunsch, die unsichere staatliche Rente im Alter aufzustocken, eine immer größere Rolle. Deshalb habe ich ja schon vor mehr als 35 Jahren, damals noch bei der Bonnfinanz, die Fondsge-bundene Lebensversicherung entwickelt. Dieser Form der Le-bensversicherung gehört meines Erachtens die Zukunft, nicht zuletzt mit der Variante der Fondsgebundenen Rentenver-sicherung.

Aber die Flexibilität …

Ja, auch die wird immer wichtiger. Deshalb haben wir zusammen mit der AachenMünchener Anfang 2005 die neue
»Wunschpolice« eingeführt. Dabei hat uns der Gesetzgeber
geholfen, der im Rahmen des Alterseinkünftegesetzes die zum
Teil sehr starren Auflagen für Lebensversicherungen deutlich
gelockert hat. Diese Wunschpolice ist vom Markt hervorra-
gend angenommen worden. Seit ihrer Einführung haben wir
mehr als 600 000 Wunschpolicen vermittelt.

Noch weiß nicht jeder, was unter »Wunschpolice« zu verste-
hen ist.

(Lacht.) Noch nicht. Aber es wird sich herumsprechen, wie
flexibel diese Police ist. Sie sind bei der Kapitalanlage flexibel, können zum Beispiel einen Teil Ihrer Beiträge in Fonds
anlegen, Sie können sich eine Rente in garantierter Höhe
sichern, Sie können – je nach persönlichen Umständen – die
Versicherungssumme erhöhen, Sie können sicherstellen, dass
Sie bei Arbeitslosigkeit die Versicherung nicht stornieren
müssen, Sie können sich einen Teil der Versicherungssumme
auch schon vor dem Ende der Laufzeit auszahlen lassen und so
weiter. Noch flexibler geht es eigentlich nicht.

Die Arbeitnehmer, die etwas besser verdienen, können von
ihren Beiträgen zur Lebensversicherung steuerlich nicht viel
absetzen, weil der Höchstbetrag für Vorsorgeaufwendungen
durch die Beiträge zur Rentenversicherung schon mehr oder
weniger ausgeschöpft wird. Dann wird der Ertrag im Alter
noch mal besteuert. Sie zahlen also aus versteuertem Einkom-
men und müssen den Ertrag dennoch versteuern. Das ist doch
faktisch eine Doppelbesteuerung?

Im Grunde ja, obwohl es in der Praxis nicht so tragisch ist. Viele Menschen glauben, künftig den ganzen Auszahlungsbetrag der Versicherung am Ende der Laufzeit versteuern zu müssen. Wenn jemand in eine Lebensversicherung im Lauf der Jahrzehnte 50 000 Euro eingezahlt hat und ihm 100 000 Euro ausbezahlt werden, dann müssen nach der Neuregelung nur 50 Prozent der Erträge von 50 000 Euro, also 25 000 Euro, versteuert werden. Das gilt dann, wenn der Versicherte zum Zeitpunkt der Auszahlung mindestens 60 Jahre alt ist und die Versicherung mindestens zwölf Jahre lang bestanden hat.

Kapitallebensversicherung heißt, ich bekomme das einbezahlte Geld zurück – plus die Mindestverzinsung, meistens aber sogar noch mehr. Könnte man nicht auch Altersvorsorge betreiben, indem man die Familie über eine Risikolebensversicherung, die nur im Todesfall ausbezahlt wird, absichert und zusätzlich einen Fondssparplan für die Vermögensbildung abschließt?

Theoretisch ist das möglich. Was aber passiert im Fall der Berufsunfähigkeit? Wenn der Versicherte dann unter Umständen die Beiträge für die Risikolebensversicherung nicht mehr zahlen kann, steht die Familie ohne jeden Schutz da. Deshalb kann eine Lebensversicherung in Kombination mit einer Zusatzversicherung für den Fall der Berufsunfähigkeit der günstigere Weg sein. Dann würden nämlich die Beiträge für die Lebensversicherung weiterlaufen, und die Familie bliebe abgesichert. Das kann auch für steigende Versicherungssummen, mit denen künftige Preissteigerungen ausgeglichen werden, vereinbart werden. Außerdem bieten private Rentenversicherungen künftig erhebliche steuerliche Vorteile und können sich daher eher lohnen als ein Fondssparplan. Aber wie in fast allen Fragen des Vermögensaufbaus und seiner Absicherung ist es auch hier ratsam, mit pauschalen Aussagen zurückhaltend zu sein. Es kommt immer auf die individuellen Umstände an.

Jetzt möchte ich ein paar Vergleiche anstellen. Private Lebensversicherung gegenüber privater Rentenversicherung – wo liegen die Vorteile, wo die Nachteile?

Eine Kapitallebensversicherung kann man aus zwei Gründen abschließen: um während der Laufzeit die Familie abzusichern und um am Ende der Laufzeit über einen größeren Betrag zu verfügen. Mit dem kann man das Haus abbezahlen, eine Kreuzfahrt machen oder sonst etwas. Die private Rentenversicherung hat bei längerer Lebenserwartung einen großen Vorteil, denn mir wird ein vereinbarter monatlicher Betrag sehr lange ausgezahlt. Der Nachteil liegt aber darin, dass die private Rentenversicherung während der Laufzeit die Angehörigen nicht für den Fall des Todes absichert.

Und nun: private Lebensversicherung versus Fondssparen. Bei der Kapitallebensversicherung wird ja von meinem monatlichen Beitrag ein Teil zur Risikoabsicherung verwendet. Beim Fondssparen wird dagegen mehr Geld für mich angelegt.

Das ist richtig. Beim Sparen in Investmentfonds wird ein größerer Teil der monatlichen Prämie für die Kapitalbildung verwendet. Allerdings haben viele Menschen nach dem Platzen der Internet-Blase und jetzt in der Finanzkrise die Erfahrung machen müssen, dass zum Beispiel Aktienfonds sehr stark an Wert verlieren können. Deshalb bieten inzwischen viele Fondsgesellschaften sogenannte Garantiefonds an, wo in jedem Fall das Kapital erhalten bleibt. Die Kunden können hoffen, mehr Ertrag zu haben, ohne sich sorgen zu müssen, alles zu verlieren. Das hat dem Fondssparen zu einem kräftigen Aufschwung verholfen.

Wir reden immer über Kapitalanlagen zur Altersvorsorge. Welche Rolle spielen Ihrer Meinung nach das Eigenheim und die Eigentumswohnung?

Das Eigenheim spielt psychologisch eine große Rolle, weil die Bausparkassen es verstanden haben, dies als beste Form der Altersversorgung zu propagieren. Bausparen ist ein Produkt, das jeder versteht: Die Einfachheit fördert die Attraktivität. Aus meiner Sicht spielt im Bewusstsein der Bevölkerung das Eigenheim eine zu große, eine gefährliche Rolle. Man vergisst, dass das Eigenheim selber keinen Ertrag bringt, man spart nur die Miete. Aber die laufenden Kosten und der Erhaltungsaufwand bleiben außer Acht.

Meine Eltern hatten sich ihr Häuschen wirklich hart erspart. Für meine Mutter war es immer sehr beruhigend, notfalls das Haus verkaufen und damit den Aufenthalt im Altersheim finanzieren zu können.

Ja, das verstehe ich. Das Eigenheim spielt eine zentrale Rolle, wird aber überschätzt. Das Haus allein reicht nicht aus zur Altersvorsorge. Im Alter brauche ich auch laufende Einkünfte.

Sicherheit wird im Zeichen der Finanzkrise immer wichtiger. Ist der Staat nicht letztlich doch noch zuverlässiger als Banken und Versicherungen? Immerhin wurden selbst 1945 die Renten noch ausbezahlt.

Ja, so könnte man das sehen. Die Spareinlagen garantieren, das kann eben nur der Staat. Dennoch wird bei uns auf dem Gebiet der Altersvorsorge der in Amerika schon vorherrschende Eindruck immer stärker: Vergiss den Staat. Richte es so ein, dass du eines Tages auch ohne Vater Staat auskommst. Richtig ist, der Staat wird immer ein gewisses Minimum garantieren, die Sozialhilfe zum Beispiel. Aber »Hartz IV« hat doch vieles ins Wanken gebracht. Meine Vermögensberater mit ihren fast fünfeinhalb Millionen Kunden sind das größte Meinungsforschungsinstitut in Deutschland. Monatlich bis zu 200 000 Unterschriften unter Verträge erfordern mindestens eine halbe Million Gespräche, Monat für Monat. Ich weiß, was draußen los ist. Und deshalb bin ich mir sicher: Das Vertrauen gegenüber dem Staat schwindet immer mehr – jedenfalls, was die staatlichen Zusagen für die Zukunft und die Vorsorge betrifft.

Um beim Thema Sicherheit zu bleiben: Der Konkurs der Mannheimer Versicherung hat Zweifel geweckt an der Stabilität der privaten Versicherungen. Wie stark hat das geschadet? Wie viele solche Fälle kann der Sicherungsfonds auffangen?

In Deutschland vertraute man schon vor der Finanzkrise den Banken nie so ganz – denken Sie an die Herstatt-Pleite –, umso mehr aber den Versicherungen. Dann ist es doch passiert. Aber es tröstete die Deutschen, dass es bei der Mannheimer nicht am System lag, sondern einfach daran, dass sich der Vorstand an der Börse verspekuliert hat. Deshalb war der Schaden für die Branche nicht allzu hoch. Doch der Sicherungsfonds kann nicht viele solcher Fälle auffangen.

Was sind die schlimmsten Fehler, die man bei der privaten Vorsorge machen kann?

Die Wahl falscher Formen der Vorsorge. Ein solcher Fehler ist, wenn Vermögende in den grauen Kapitalmarkt gehen, also zum Beispiel in geschlossene Fonds für Schiffe oder Immobilien. Und: Ein grundlegender Fehler ist allemal, wenn man auf Versprechungen vertraut – auf Versprechungen des Staates, die staatliche Rentenversicherung sei sicher, oder auf Versprechen der Kinder, sie würden die Eltern im Alter unterstützen. Diese beiden Pfeiler der Altersvorsorge tragen heute nicht mehr.

Sie haben mehr Erfahrungen in diesem Bereich als irgendjemand sonst. Was sind die wichtigsten Regeln bei der privaten Vorsorge? Gibt es da »goldene Regeln«?

Ich meine, man muss auf zehn Punkte achten. Erstens: Man kann mit der Vorsorge nicht früh genug anfangen. Wenn einer mit 25 Jahren schon finanziell dazu in der Lage ist, soll er nicht bis 30 warten. Der Zinseszins-Effekt ist umso stärker, je länger er sich auswirken kann.

Zweitens: Sicherheit kommt vor Rentabilität und Steuerersparnis. Drittens: nicht nur ans Alter, sondern auch an Berufsunfähigkeit oder Krankheit denken. Die vierte Regel: sich nicht auf andere verlassen, weder auf den Staat noch auf die Familie. Fünftens und besonders wichtig: alle staatlichen Vergünstigungen ausschöpfen. Dem Staat nichts schenken.

Das gilt aber nur innerhalb bestimmter Einkommensgrenzen.

Das ist im Prinzip richtig. Aber sehr viele Menschen in den unteren Einkommensschichten nutzen die staatliche Förderung bei »Riester« oder beim Bausparen nicht aus und schenken dem Finanzminister jedes Jahr Milliardenbeträge. Und bei

»Rürup« gelten die erheblichen Steuervorteile unabhängig von der Höhe des Einkommens.

Fünf Regeln haben Sie schon genannt. Kommt jetzt also die sechste.

Mein sechster Grundsatz lautet: sich gegen die wichtigsten Gefahren des Alltags ausreichend absichern. Denn unvorhergesehene Schäden können jede Altersvorsorge zunichte machen. Deshalb ist die Haftpflichtversicherung so wichtig. Mein siebter Grundsatz heißt: nicht alle Eier ins gleiche Nest legen.

Also nicht etwa alles auf das Eigenheim oder auf die Börse setzen.

Nein, auch hier gilt: Die Mischung macht's. Achtens: auf riskante Vermögensanlagen verzichten. Was haben die Menschen am grauen Kapitalmarkt oder bei Immobilien in den neuen Ländern Geld verloren!

Bleiben noch zwei Punkte …

Ja, zwei ganz wichtige. Man kann nie sagen, ich habe jetzt diese und jene Versicherung abgeschlossen. Nein, das reicht nicht. Deshalb lautet meine neunte Regel: in regelmäßigen Abständen, also mindestens alle zwei Jahre, die Versorgungssituation überprüfen. Das ist ganz entscheidend. Zu sehen, was hat sich geändert, an meiner finanziellen Situation, an meinen Bedürfnissen fürs Alter. Dazu gehört auch die Frage: Sind meine Anlagen immer noch so sicher, wie ich das gedacht habe?

Und die zehnte Regel?

Man sollte sich einen Vermögensberater leisten. Denn nicht jeder, der in der Lage ist, ausreichend Geld zu verdienen, ist auch in der Lage, die richtigen Entscheidungen zur Geldanlage zu treffen. Deshalb muss man sich gerade bei der Vorsorge beraten lassen.

Ein Vorschlag für eine zusätzliche goldene Regel: Man müsste im Mathematikunterricht zwingend Zinseszinsrechnung am Beispiel von Lebensversicherungen oder Sparplänen vorschreiben.

Hundertprozentige Zustimmung!

10
Die Zukunft der Deutschen
Vermögensberatung AG

»Eines Tages gibt es nur noch einen einzigen großen,
eigenständigen Finanzvertrieb«

*Sprechen wir zum Abschluss über die Zukunft Ihres Unterneh-
mens. Die Europäische Union ist größer geworden, wächst
enger zusammen. Sie aber sind überwiegend auf Deutschland
beschränkt. Warum?*

Mein Unternehmen heißt nun mal Deutsche Vermögensberatung, auch in Österreich.

*Sie könnten mit einer Tochtergesellschaft unter anderem Na-
men aktiv werden.*

Das ist völlig klar. Wir sind auch seit 2005 mit einer eigenen
Gesellschaft in der Schweiz aktiv. Aber unser Schwerpunkt ist
und bleibt Deutschland.

*Für Sie gilt also der Grundsatz: Bleibe im Lande und nähre
dich redlich?*

Genau so ist es. Und da haben wir mehr Chancen und bessere
Chancen als jemals zu vor.

Das klingt ja nach Optimismus pur.

Ja, aber ich kann das auch begründen. Gewissermaßen über Nacht hat sich der Begriff Altersarmut lawinenartig im Land verbreitet, hat sich in allen Medien eingenistet. Altersarmut ist für die Menschen – sofern sie nicht von Arbeitslosigkeit bedroht sind – zum Zukunftproblem Numero eins geworden. Und wer kann denen, die nicht einem Alter in Armut entgegensehen wollen, eine bessere Antwort geben als wir? Das, was wir tun, unser Beruf, ist also dramatisch aufgewertet worden. Millionen Menschen haben noch nicht alles getan, was sie tun könnten und tun müssten, um Altersarmut zu vermeiden. Millionen verzichten noch immer auf Leistungen von Vater Staat. Aber wir können diesen Menschen helfen. Denn wir haben das erfolgreichste Geschäftsmodell für diesen Markt.

Die Deutsche Vermögensberatung hat demnach das erfolgreichste Geschäftsmodell bei der Vorsorge. Das können Sie doch sicher begründen, oder?

Meine Devise war ja immer, lieber ein Schnitzel und ein Bier auf Lebenszeit als Kaviar und Champagner für einige Monate und dann nur trockenes Brot und Leitungswasser bis zum Lebensende. Und dies ist durch die Finanzkrise endgültig bestätigt worden. Wir bieten unseren Kunden immer nur das an, was nicht nur wir, sondern auch die Kunden verstehen, eben die sogenannten Grundnahrungsmittel für einen Vermögensaufbau und zur Vermögensabsicherung. Deshalb haben wir die vielen riskanten, geschlossenen Fonds, die unzähligen Bauherrenmodelle, also den sogenannten grauen Kapitalmarkt, wie die Pest gemieden und den damit verbundenen Verlockungen hoher Provisionen widerstanden.

Und so blieben auch Zertifikate, Derivate oder Hedgefonds stets Fremdworte für uns, während sie bei den Kunden unserer Konkurrenten, bis hin zu Sparkassen und Volksbanken, zu empfindlichen Verlusten führten. Wir haben unsere Berufsgemeinschaft erdbebensicher gemacht, weil wir niemals Schulden gemacht haben. Dafür verfügen wir über eine Eigenkapitalquote von über 50 Prozent. Wir haben auch allen Verlockungen, an die Börse zu gehen und dort wie AWD und MLP Kasse zu machen, widerstanden. Das hat sich wohl als eine unserer wichtigsten und weitsichtigsten Entscheidungen herausgestellt. Im Übrigen zeigt sich gerade am Beispiel von MLP, wie zweischneidig ein Börsengang sein kann: MLP musste den M-Dax wieder verlassen. Das ist für ein Unternehmen wirklich kein Ruhmesblatt.

Und weitere entscheidende Weichenstellungen?

Nun ja, wir haben die Dresdner Bank durch die Deutsche Bank und DWS ersetzt. Wir haben die Gefahren der Technologieblase an der Börse Anfang dieses Jahrzehnts schneller bemerkt als andere und frühzeitig die Reißleine gezogen. Damit nicht genug. Es gab nie einen Streit in der Führung unserer Gemeinschaft. Es gab auch keinen ständigen Wechsel an der Spitze wie bei anderen großen Finanzkonzernen. Es gab und gibt deshalb immer schnelle und klare Entscheidungen.

Die Gelder unserer Werbeetats investieren wir nicht in die Medien, sondern in unsere Begegnungsstätten. Unseren Produktlieferanten, insbesondere der AachenMünchener, hielten wir stets die Treue und sind heute nicht zuletzt deshalb deren alleiniger Vertrieb. Wir wollten nie unser eigener Produktlieferant werden wie MLP. Dafür sitzen wir in den Aufsichtsräten aller unserer Produktpartner und haben Einfluss auf die Produktgestaltung. Wir haben die Chancen von Riester und Rürup früher entdeckt und genutzt als unsere Wettbewerber. Und, und, und ... Da könnte ich noch vieles anführen.

Sie sind in Deutschland unbestreitbar der Marktführer, wollen also vor allem hier expandieren. Wagen Sie doch eine Prognose, wo Ihr Unternehmen in etwa zehn Jahren stehen wird?

Mit Vorhersagen, die die Zukunft betreffen, ist das ja so eine Sache.

Aber Sie haben bisher mit Ihren Prognosen recht gut gelegen.

(Lacht.) Ja, ich habe in den vergangenen 55 Jahren selten mit meinen Prognosen falsch gelegen. Aber im Ernst: Ich bin überzeugt, dass es eines Tages nur noch einen eigenständigen Finanzvertrieb von nennenswerter Größe in Deutschland geben wird, nämlich die Deutsche Vermögensberatung AG.

Eine mutige Vorhersage ...

Ja, aber die lässt sich begründen. Wir kommen schon jetzt unserem wichtigsten Unternehmensziel immer näher, dass man in Deutschland automatisch an die Deutsche Vermögensberatung AG denkt, wenn man von Vermögensberatung spricht. Das ist schon jetzt fast der Fall, denn unsere bisherigen Wettbewerber verlieren dramatisch an Bedeutung.

Wir haben ja schon davon gesprochen, was aus der ehemals stolzen MLP geworden ist und was aus dem AWD, der uns mal überholen wollte und jetzt der SwissLife gehört. Und die neue Formaxx im Markt der Versicherungsdienstleistungen gleicht dem Versuch, aus fünf Parteien eine einzige zu machen.

Die Banken und Sparkassen sind mit ihren Versuchen, eigene mobile Vertriebe aufzubauen, ebenfalls grandios gescheitert. Oder nehmen Sie das Beispiel der großen Postbank. Die hat eine eigene Vermögensberatungsgesellschaft gegründet. Mit welchem Ergebnis? Erfolg gleich null! Viele weitere Versuche, uns zu kopieren, sind ebenfalls gescheitert.

Nun gibt es Marktbeobachter, die meinen, die Zukunft gehöre dem unabhängigen Honorarberater. Bei dem kann der Kunde keine Lebensversicherung und keinen Riester-Vertrag abschließen. Der rät nur, welche Anbieter bei welchen Produkten die besten sind, und stellt dafür ein Beratungshonorar in Rechnung. Könnte das eine Konkurrenz für Sie werden?

Nein, das schließe ich völlig aus.

Was macht Sie da so sicher?

Weil reine Honorarberatung gar nicht funktionieren kann. Da gibt es zunächst einmal Produkte, die gar keine große Beratung brauchen, wie zum Beispiel eine Kfz- oder Haftpflichtversicherung. Warum soll da jemand erst zum Honorarberater gehen und dann zu einem Versicherungsvertreter?

Nun sind die Deutschen bekanntlich sehr knauserig, wenn es um Honorare geht.

Das ist zweifellos so. Und deshalb würden die Kunden zuerst einmal mit dem Honorarberater darüber verhandeln, wie teuer er sein darf. Da kann ja in einem Beratungsgespräch kein Vertrauen entstehen.

Es gibt aber einen aus meiner Sicht noch wichtigeren Einwand gegen die Honorarberatung. Da geht jemand zu seinem solchen Berater, zahlt ihm vielleicht 200 Euro pro Stunde und geht dann weiter zu einem Versicherungsvertreter, um eine Police abzuschließen. Aber in der Prämie steckt ja die Provision des Vertreters mit drin. Das führt dazu, dass der Kunde zweimal bezahlt. Oder alle Versicherungen führen zwei Tarife ein: einen für Kunden, die gegen Honorar beraten werden wollen, und einen anderen für Kunden, die die bewährte Vermittlungsform beibehalten möchten. Das halte ich für nicht praktikabel.

Es ist ja durchaus denkbar, dass es da zu Unstimmigkeiten kommt, ob der Provisionsvertreter beim Abschluss nicht doch noch eine Beratungsleistung erbringt, indem er dem Kunden vielleicht noch etwas sagt, was der Honorarberater übersehen hat.

Da sehen Sie selbst: Honorarberatung ist eine Kopfgeburt – aber nicht praktikabel. Ganz abgesehen davon: Wer berät eigentlich den Kunden, wenn es zum Beispiel bei »Riester« oder »Rürup« neue Regelungen gibt? Wer informiert ihn über neue Produkte? Unsere Vermögensberater tun das von sich aus. Darauf kann der Kunde bauen. Beim Honorarberater muss der Kunde selber nachfragen, ob sich etwas geändert hat. Und für die Auskunft muss er auch noch zahlen. Sie sehen, da hat sich jemand ein Modell ausgedacht, das einfach nicht funktionieren kann.

Zurück zu Ihrer Prognose, die DVAG werde eines Tages mehr oder weniger der einzige eigenständige Finanzdienstleister sein.

Wir sind schon jetzt mehr als die Numero eins. Mit der Deutschen Bank und DWS haben wir die Marktführer im Bank- und Investmentbereich als unsere Partner. Und bei diesen wiederum sind wir die Numero eins im externen Vertrieb. Wir haben Einfluss bei der AachenMünchener, denn nur durch uns

konnte die AachenMünchener-Leben von Platz 16, als ich vor
35 Jahren begann, auf Platz 2 unter den Erstversicherern aufsteigen.

Das alles vergrößert unsere Chancen gegenüber den noch verbliebenen Wettbewerbern. Und deshalb wage ich noch eine
weitere Vorhersage: In absehbarer Zeit werden wir nicht mehr
lange nach neuen Vermögensberatern suchen müssen. Sondern es werden immer mehr Menschen von sich aus zu uns
kommen. Und mit jedem neuen Vermögensberater wächst unser Marktanteil.

*Sie nannten schon das Stichwort Altersarmut. Ihr potenzieller
Markt wird also ebenfalls noch wachsen.*

Und wie. Ich verwende da gern das Bild vom Teich und den
Anglern. Unsere Vermögensberater sitzen an einem Teich mit
82 Millionen Fischen, die Zahl von Deutschlands Einwohnern. Natürlich sitzen neben den Anglern der DVAG auch
fremde Angler am Ufer, manche mit maroden Angeln, andere
mit schlechten Ködern. Viele Angler aus Sparkassen und Banken müssen künftig auf Köder mit den Namen Zertifikat,
Derivat oder Hedgefonds verzichten. Anderen Anglern wurde
durch die Finanzkrise der Boden unter den Füßen weggezo-
gen.

Nun behaupte ich, unsere Angler haben die beste Angel
in der Hand, nämlich die Unterstützung durch die DVAG. Sie
haben auch das beste Training hinter sich, nämlich die Aus-
und Weiterbildung durch uns. Sie haben auch die besten Köder für ihre Angel, nämlich die hervorragenden Produkte unserer Partnergesellschaften.

Sie meinen, bei dieser Lage könnten die fremden Angler bald resignieren, ihre Ausrüstung einpacken und gehen?

(Lacht.) Ja, so könnte es sein. Unsere Vermögensberater haben jedenfalls die besten Chancen, eines Tages am Ufer kaum noch oder gar keine fremden Angler mehr zu treffen.

Bei aller Größe und Marktmacht der DVAG – wer garantiert eigentlich Ihre Unabhängigkeit? Was wäre, wenn die Aachen-Münchener Ihre Anteile an der DVAG an eine andere Gesellschaft verkauft? Geht das überhaupt?

Das ist eine spannende Frage. Aber ich muss Sie enttäuschen: Die DVAG-Beteiligung liegt bei der Generali Deutschland. Die kann sie an die AM-Leben oder an eine andere AM-Gesellschaft verkaufen. Aber sonst an niemanden, jedenfalls nicht ohne unsere Zustimmung. Das bedeutet, dass die AachenMünchener auf ewig an uns gebunden ist. Wir können umgekehrt auch nicht verkaufen – außer an die AachenMünchener.

Aber es gibt doch keine Vereinbarung ohne Ausnahme. Gilt das hier etwa nicht?

Doch. Falls auch nur eine DVAG-Aktie nicht mehr im Besitz eines Mitglieds der Familie Pohl wäre, hätte die AachenMünchener das Recht, die Anteile der DVAG zu erwerben. Dabei ist Folgendes zu beachten: Als Familienmitglieder gelten grundsätzlich nur leibliche Abkömmlinge. Das ist alles vor mehr als 30 Jahren so festgelegt worden. Da können Sie sehen, dass ich das Motto »Früher an Später denken« selber beherzige.

Nun ist die Familie Pohl nicht vom Aussterben bedroht.

(Lacht.) Da ich bereits jetzt acht Enkel habe, ist der Bestand unserer Familie auf Jahrzehnte oder noch länger gesichert. Vielleicht gibt es ja bei der AachenMünchener den einen oder anderen, der meint, der Doktor ist ja schon alt, und eines Tages bekommen wir den Laden. Deshalb nehme ich ab und zu mal einen Enkel zu Veranstaltungen der AachenMünchener mit. Damit die Herrschaften sehen, wie jung die Pohls sind.

Sie halten es also mit dem amerikanischen Präsidenten Roosevelt, der einmal sagte, wir haben nichts zu fürchten außer der Furcht selber?

Ja, genau so ist es. Wir haben keine Sorgen vor einer friedlichen oder feindlichen Übernahme. Wir haben Kontinuität in der Führung und keinen Streit. Meine Nachfolge ist intern geklärt. Darauf kommt es an.

Wissen Sie, ich bin ein praktischer und pragmatischer Mensch. Bei Schwierigkeiten sehe ich immer zugleich auch neue Chancen. Ein zur Hälfte gefülltes Glas, das ist für mich nie halb leer, sondern immer halb voll – das ist voller Möglichkeiten. So denken auch meine Söhne und meine besten Mitarbeiter. Wir haben zusammen nur so viel erreichen können, weil wir niemals resigniert oder gar aufgegeben haben.

Da fällt mir ein schönes chinesisches Sprichwort ein: »Hebt man den Blick, dann sieht man keine Grenzen.« Deshalb bin ich zuversichtlich für die Deutsche Vermögensberatung AG – sehr zuversichtlich.

11
Lebenslauf

Prof. Dr. jur. Dr. h. c. mult. Reinfried Pohl

26. April 1928
Geboren in Zwickau im Sudetenland (Nordböhmen) als dritter Sohn der Eheleute Gerhard und Maria Pohl aus Zwickau.

Februar 1944 bis Januar 1945
Kriegsdienst als Luftwaffenhelfer in Prag.

Januar 1945 bis Kriegsende
Wehrdienst als Panzergrenadier an der Ostfront.

10. Mai 1945
Rückkehr nach Zwickau.
Der Vater wird verhaftet und nach Bautzen gebracht.

Juni 1945
Vertreibung zusammen mit der Mutter aus dem Sudetenland nach Halle an der Saale in der damaligen sowjetisch besetzten Zone (SBZ).

September 1945
Mitbegründer der Liberal-Demokratischen Partei (LDP) in der SBZ.

Februar 1946
Der Vater stirbt im Zuchthaus Bautzen, die Familie wird jedoch nicht benachrichtigt.

8. März 1947
Abitur in Halle an der Saale.

April 1947 bis August 1948
Nach Verweigerung eines Studienplatzes an der Universität Halle aus politischen Gründen wird Reinfried Pohl hauptamtlicher Landesjugendsekretär der Liberal-Demokratischen Partei (LDP) in Sachsen-Anhalt.

August 1948
Flucht aus der SBZ, um einer drohenden Verhaftung zu entkommen.
Neuer Wohnort: Marburg an der Lahn.

Oktober 1948 bis 1953
Studium der Rechtswissenschaften an der Universität Marburg; Finanzierung des Studiums durch Arbeit als Werkstudent.
Mitbegründer des Liberalen Hochschulbundes in der Bundesrepublik.

März 1953
Erstes juristisches Staatsexamen.

Dezember 1953
Promotion zum Dr. jur. Thema der Doktorarbeit: »Die Sozialisierung in Hessen. Die Artikel 39 bis 41 der Verfassung des Landes Hessen vom 11. Dezember 1946«.

1954 bis 1956
Studium der Volkswirtschaftslehre und zugleich juristisches Referendariat (nicht beendet).

1954
Erstmalige Wahl zum Stadtverordneten in Marburg auf der Liste der FDP.

August 1956
Aufnahme der Außendienst-Tätigkeit für den GERLING-KONZERN in Gießen.

21. Juni 1958
Hochzeit mit Anneliese Klingelhöfer.

1958 bis 1962
Stellvertretender Stadtverordnetenvorsteher in Marburg.

November 1959
Geburt des Sohnes Reinfried.

Juli 1964
Geburt des Sohnes Andreas.

1967
Beendigung der Tätigkeit für den Gerling-Konzern und Beginn einer engen Zusammenarbeit mit den Versicherungsgesellschaften DEUTSCHER HEROLD, Geschäftsführer der IOS Versicherungs-Vermittlungs GmbH, stellvertretender Verwaltungsratsvorsitzender der IOS Deutschland.

Februar 1969
Prägung und Einführung des Begriffs ALLFINANZ im Zusammenhang mit der Entwicklung einer neuen Konzeption
zum Direktvertrieb von Finanzdienstleistungen (u. a. Versicherungen, Bausparverträge, Fondssparpläne, Baufinanzierungen).
In einer Fachzeitschrift veröffentlicht Reinfried Pohl zum
ersten Mal den Begriff ALLFINANZ. Zugleich wagt er eine
Vorhersage, die sich zur Überraschung der Finanzbranche im
Laufe der Zeit bewahrheiten sollte: »Nur eine umfassende, sozusagen ›konzertierte‹ Beratung kann den Interessen des Kunden ganz gerecht werden. Nur sie wird in Zukunft erfolgreich
sein.«
Von da an setzt sich der Begriff ALLFINANZ allmählich in
der Finanzwelt durch, erst in Deutschland, dann weltweit.

September 1969
Beendigung der Zusammenarbeit mit der IOS.
Austritt aus der FDP.

Januar 1970
Prägung und Einführung des Begriffs VERMÖGENSBERA-
TER.

Juli 1970
Beginn des Aufbaus der BONNFINANZ AG in Bonn zur ers-
ten deutschen Vermögensberatungsgesellschaft.
Berufung zum Generalbevollmächtigten der Versicherungs-
gesellschaften des DEUTSCHEN HEROLD.
Eintritt in die CDU.

Mai 1973
Gründung des Berufsverbandes BUNDESVERBAND DEUT-
SCHER VERMÖGENSBERATER, seither Präsident dieses
Verbandes.

Februar 1975
Beendigung der Tätigkeit als Vorstand der BONNFINANZ
und als Generalbevollmächtigter für den DEUTSCHEN HE-
ROLD.

Juni 1975
Erwerb der KOMPASS – Gesellschaft für Vermögensanlagen
mbH.

Juli 1975
Beginn der Zusammenarbeit mit der AACHEN-MÜNCHE-
NER-VERSICHERUNGSGRUPPE.

März 1976
Gründung der ALLGEMEINE VERMÖGENSBERATUNG
AKTIENGESELLSCHAFT in Frankfurt.
Von 1980 an ist Reinfried Pohl Alleinvorstand.

Juni 1983
Umbenennung des Unternehmens in DEUTSCHE VERMÖ-
GENSBERATUNG AKTIENGESELLSCHAFT (DVAG).

April 1988
Verleihung des Bundesverdienstkreuzes des Verdienstordens
der Bundesrepublik Deutschland, überreicht durch den hessischen Ministerpräsidenten Dr. Walter Wallmann.

April 1993
Verleihung des Bundesverdienstkreuzes 1. Klasse, überreicht
durch Bundeskanzler Dr. Helmut Kohl.

September 1996
Verleihung des Komturkreuzes des österreichischen Bur-
genlandes, überreicht durch den Landeshauptmann (Ministerpräsidenten) Karl Stix.

Oktober 1997
Gründung der Dr.-Reinfried-Pohl-Stiftung in Marburg. Stiftungszweck ist die Förderung der Philipps-Universität Marburg.

Oktober 1998
Verleihung des Großen Verdienstkreuzes des Verdienstordens
der Bundesrepublik Deutschland, überreicht durch Bundeskanzler Dr. Helmut Kohl.
Ernennung zum Ehrensenator der Philipps-Universität Marburg.

Dezember 1998
Verleihung des Grã-Cruz da Ordem do Mérito Agricola e
Industrial, des Großkreuzes des Verdienstordens der Republik
Portugal, überreicht durch den Präsidenten der Republik Por-
tugal, Dr. Jorge Sampaio.

Dezember 2001
Beginn der Zusammenarbeit mit der DEUTSCHEN BANK
AG. Die Deutsche Vermögensberatung übernimmt die Funk-
tion des mobilen Vertriebs der Bank.

Juni 2002

Verleihung des Großen Goldenen Ehrenzeichens für die Verdienste um die Republik Österreich, Kommandeurkreuz 1. Klasse, überreicht durch den österreichischen Bundeskanzler Dr. Wolfgang Schüssel.

Januar 2003

Umbenennung der KOMPASS in DEUTSCHE VERMÖGENSBERATUNG HOLDING GmbH. Zugleich nimmt die Holding ihre operative Tätigkeit auf. Reinfried Pohl gibt die Funktion des Alleinvorstandes der DVAG auf und übernimmt den Vorsitz des neu gebildeten Vorstandes der AG.

Juni 2003

Verleihung der Ehrendoktorwürde des Fachbereichs Rechtswissenschaften der Philipps-Universität Marburg.

November 2003

Verleihung der Ehrendoktorwürde der Lucian-Blaga-Universität in Sibiu-Hermannstadt (Rumänien).

Dezember 2003

Verleihung der Ehrendoktorwürde des Fachbereichs Medizin der Philipps-Universität Marburg.

Juli 2006

Die Stadtverordnetenversammlung der Stadt Marburg beschließt, Dr. Pohl die Ehrenbürgerwürde zu verleihen. Die Urkunde wird im Dezember in einem Festakt im Marburger Rathaus durch Oberbürgermeister Egon Vaupel überreicht. Unter den Ehrengästen: Altbundeskanzler Dr. Helmut Kohl.

November 2006

Dr. Reinfried Pohl gelingt ein besonderer Coup: Die Aachen-Münchener Versicherungen übertragen die alleinige Vertriebskompetenz für ihre Produkte auf die Deutsche Vermögensberatung. Damit ist die DVAG der einzige deutsche Finanzvertrieb mit einem exklusiven Produktlieferanten.

Dezember 2006

Bundespräsident Prof. Dr. Horst Köhler zeichnet Dr. Reinfried Pohl für sein großherziges Mäzenatentum mit dem Großen Bundesverdienstkreuz mit Stern aus. Die Verleihung nimmt der hessische Ministerpräsident Roland Koch in der Wiesbadener Staatskanzlei vor. Mit dabei bei dieser Feier im kleinen Kreis: Altbundeskanzler Dr. Helmut Kohl und Ex-Finanzminister Theo Waigel.

Mai 2007

Das Land Hessen ehrt Dr. Reinfried Pohl für die Unterstützung seiner »Alma Mater«, der Philipps-Universität Marburg, durch die Verleihung des Ehrentitels Professor. Begründet wird diese hohe Auszeichnung u. a. damit, dass der ehemalige Marburger Jura-Student seiner Hochschule allein in den vergangenen zehn Jahren mit mehreren Millionen Euro geholfen habe. Der Wissenschaftsminister würdigt insbesondere die Förderung des Fachbereichs Rechtswissenschaften und dessen »Forschungsstelle für Finanzdienstleistungen«, zudem die Unterstützung des Fachbereichs Medizin durch zwei Stiftungsprofessuren sowie die Gründung eines bundesweit einmaligen Lehr- und Lernzentrums.

9. Juli 2008

Wenige Tage nach der goldenen Hochzeit erliegt Anneliese Pohl einem schweren Krebsleiden. In einem Brief an seine

Vermögensberater schreibt Dr. Pohl: »Meine Söhne werden
mit mir immer alles tun, um unsere DVAG so zu führen, dass
Sie stolz sein können, ihr anzugehören. Wir wissen, dass dies
im Sinne meiner viel zu früh verstorbenen Frau liegt, ohne die
unsere DVAG nie entstanden wäre.«

November 2008

Dr. Reinfried Pohl erhöht den Anteil der Familie an der
DVAG von 50 Prozent plus 10 Aktien auf 60 Prozent plus
10 Aktien. Zugleich verzichtet er auf die ihm im Wege der
Erbfolge zufallenden DVAG-Anteile seiner Frau zugunsten
seiner beiden Söhne. Reinfried Pohl jun. und Andreas Pohl
sind damit zusammen Mehrheitsgesellschafter der Deutschen
Vermögensberatung AG.

November 2009

Im Gedenken an seine 2008 verstorbene Frau Anneliese errichtet Dr. Reinfried Pohl die Anneliese-Pohl-Stiftung für
Krebsforschung und Psychosoziale Krebsberatungsstelle in
Marburg. Mit einer Million Euro an Stiftungsvermögen und
einer weiteren Million an zweckgebundenen Zuwendungen ist
das die größte Stiftung in Mittelhessen. Stiftungszweck ist die
Förderung der Krebsforschung sowie die unterstützende Be-
gleitung von an Krebs erkrankten Personen. Mit der Anneliese
Pohl Psychosoziale Krebsberatungsstelle in Marburg wird
eine Anlaufstelle für Krebspatienten und deren Angehörige
geschaffen.

Der Stifter begründet sein Engagement unter anderem so:
»Der Geburtsort meiner Frau ist Marburg. In dieser Stadt ha-
ben wir über 50 Jahre glücklich gelebt. Mit ihrer tatkräftigen
Unterstützung habe ich eines der erfolgreichsten deutschen
Familienunternehmen aufgebaut. Es ist in ihrem Sinne, dass
nun in Marburg Patienten unterstützt und begleitet werden, die

aufgrund ihrer Krebserkrankung dringend der Hilfe anderer Menschen bedürfen.«

Januar 2010

Die Dr.-Reinfried-Pohl-Stiftung kündigt an, bis zum Herbst 2011 am Klinikum der Philipps-Universität Marburg das »Zentrum für medizinische Lehre« zu errichten. Hier soll die praktische Ausbildung der Marburger Medizinstudenten deutlich verbessert werden. Zugleich werden familienfreundliche Strukturen geschaffen, u. a. durch den Bau einer Kinderkrippe. Auf diese Weise will Dr. Reinfried Pohl es jungen Medizinerinnen erleichtern, Familie und wissenschaftliche Karriere besser als bisher zu verbinden.

März 2010

Der Aufsichtsrat der Deutschen Vermögensberatung AG verlängert den Vertrag mit Dr. Reinfried Pohl als Vorstandsvorsitzendem um weitere fünf Jahre.

Derzeitige Funktionen:

Vorsitzender der Geschäftsführung

- *Deutsche Vermögensberatung Holding GmbH, Marburg*
- *»Der Vermögensberater« Verlags- und Servicegesellschaft mbH, Frankfurt am Main*
- *Allgemeine Vermögensberatung Gesellschaft für Vermögensanlagen mit beschränkter Haftung, Frankfurt am Main*
- *KOMPASS Gesellschaft für Vermögensanlagen mbH, Frankfurt am Main*
- *Pannonia Grundstücksverwaltungsgesellschaft mbH, Pamhagen/Österreich*

Vorsitzender des Vorstands

- *Deutsche Vermögensberatung Aktiengesellschaft DVAG, Frankfurt am Main*
- *TURISVILAS-INVESTIMENTOS S.A., Lissabon/Portugal*
- *Alisol-Investimentos Imobiliarios Turisticos, S.A., Alporchinhos/Portugal*
- *Deutsches Berufsbildungswerk Vermögensberatung (DBBV), Frankfurt am Main*
- *Unterstützungskasse der Deutschen Vermögensberatung AG, Frankfurt am Main*

Mitglied des Vorstands

- *Forschungsstelle für Finanzdienstleistungsrecht der Philipps-Universität Marburg*

Vorsitzender des Aufsichtsrats

- *ALLFINANZ Aktiengesellschaft für Finanzdienstleistungen, Frankfurt am Main*
- *ALLFINANZ Deutsche Vermögensberatung AG, Frankfurt am Main*

Stellvertretender Vorsitzender des Aufsichtsrats

- *ATLAS Dienstleistungen für Vermögensberatung GmbH, Frankfurt am Main*

Mitglied des Aufsichtsrats

- *Generali Deutschland Holding AG, Aachen*
- *AachenMünchener Lebensversicherung AG, Aachen*
- *DWS Investment GmbH, Frankfurt am Main*
- *AachenMünchener Versicherung AG, Aachen*
- *Deutsche Vermögensberatung Aktiengesellschaft, Wien/Österreich*

Präsident
- *Deutsche Akademie für Vermögensberatung,*
  Frankfurt am Main

Ehrenvorsitzender
- *Bundesverband Deutscher Vermögensberatung e.V.,*
  Frankfurt am Main

12
Die Deutsche Vermögensberatung AG

Eine Erfolgsgeschichte in Daten und Zahlen

1975
Beginn des Unternehmensaufbaus mit etwa 35 Vermögensberatern und zwei Mitarbeitern im Innendienst unter dem Namen »KOMPASS – Gesellschaft für Vermögensanlagen mbH« in Frankfurt. Enge Zusammenarbeit mit der AachenMünchener-Versicherungsgruppe.

1976
Gründung der ALLGEMEINE VERMÖGENSBERATUNG AKTIENGESELLSCHAFT.
Anmietung eines Stockwerks in einem Bürohaus in der Münchener Straße 1 in Frankfurt am Main als Firmensitz.

1977
Über 800 Vermögensberater vermitteln eine Vertragssumme von 690 Millionen DM (Lebensversicherung, Bausparen, Investmentfonds); sie werden von fünf Mitarbeitern in der Zentrale unterstützt.

1978
Im Neugeschäft wird erstmals die Vertragssumme von 1 Milliarde DM deutlich überschritten, vermittelt von 1050 Vermögensberatern.
Die Unterstützungskasse des Unternehmens nimmt ihre Arbeit auf.

1980
Das Neugeschäft steigt auf 1,8 Milliarden DM und die Zahl
der Kunden auf über 100 000.

1983
Umbenennung des Unternehmens in DEUTSCHE VERMÖ-
GENSBERATUNG AKTIENGESELLSCHAFT (DVAG).

1985
2500 Vermögensberater erreichen im Neugeschäft eine Vertragssumme von 2,8 Milliarden DM.
Gründung der Deutschen Akademie für Vermögensberatung e. V.

1988
Rund 4300 Vermögensberater vermitteln neue Verträge mit
einem Volumen von 6,4 Milliarden DM.
Das Grundkapital wird auf 10 Millionen DM erhöht.

1989
Die Gesellschaft erwirbt ihren Firmensitz, das Haus Münchener Straße 1 in Frankfurt am Main.

1991
Über 11 000 Vermögensberater betreuen 1,5 Millionen Kunden
und erreichen ein Vertragsvolumen im Neugeschäft von fast
20 Milliarden DM.
Erstmalige Vermittlung von 1 Million Verträgen im Jahr für
die Partnergesellschaften.

1993
In Wien wird die Allgemeine Vermögensberatung, eine hundertprozentige Tochter der Deutschen Vermögensberatung AG,
gegründet.
Die Zahl der Kunden steigt auf 2 Millionen.

1995
Die Deutsche Vermögensberatung wird erstmals Marktführer bei Fondsgebundenen Lebensversicherungen.

1997
Die Vertragssumme der bisher vermittelten Versicherungen (Bestandsvolumen) übersteigt 100 Milliarden DM.
Das Grundkapital wird auf 100 Millionen DM erhöht.

1998
Die Umsatzerlöse überschreiten 1 Milliarde DM; 17 300 Vermögensberater steigern das Neugeschäft auf eine Vertragssumme von fast 30 Milliarden DM.

1999
Die Deutsche Vermögensberatung ist weltweit der größte eigenständige Finanzvertrieb. 21 000 Vermögensberater betreuen 3 Millionen Kunden.

2001
Beginn der Zusammenarbeit mit der DEUTSCHE BANK AG. Die Deutsche Vermögensberatung AG übernimmt die Funktion des mobilen Vertriebs der Bank.

2002
Bei der Einführung des Euro wird das Grundkapital auf 120 Millionen Euro erhöht.

2003
Die Zahl der Vermögensberater steigt auf über 30 000, die der Kunden auf 3,5 Millionen.
Das Eigenkapital beträgt 272 Millionen Euro, die Eigenkapitalquote 47 Prozent.

Das Ergebnis aus gewöhnlicher Geschäftstätigkeit beläuft sich auf 117 Millionen Euro, der Jahresüberschuss auf 71 Millionen Euro.

Damit erzielt die Deutsche Vermögensberatung AG einen höheren Gewinn als sechs der im DAX notierten Konzerne. Zugleich weist die DVAG einen höheren Gewinn aus als 28 der 50 Unternehmen im M-DAX.

2004

Das bisher beste Jahr in der 29-jährigen Geschichte des Unternehmens. Es ist allerdings beeinflusst durch den »Schlussverkauf« bei der Kapitallebensversicherung im Hinblick auf die steuerlichen Veränderungen, die 2005 in Kraft treten.

32 400 haupt- und nebenberufliche Vermögensberater erzielen in der Bundesrepublik ein Umsatzvolumen von nahezu 915 Millionen Euro. Das entspricht einer Steigerung um knapp 34 Prozent und ist höher als das Gesamtvolumen aller anderen in Deutschland tätigen eigenständigen Finanzvertriebe. Die Zahl der Kunden beträgt 3,8 Millionen.

Das Betriebsergebnis steigt um fast 37 Prozent auf über 160 Millionen Euro, und der Jahresüberschuss verbessert sich um knapp 24 Prozent auf über 88 Millionen Euro.

2005

Ein außergewöhnlich erfolgreiches Jahr, obwohl Umsatz und Ergebnis durch den zu erwartenden Rückgang bei der Kapitallebensversicherung beeinflusst werden. Mit 833 Millionen Euro Umsatz erreicht die DVAG ihr zweitbestes Ergebnis. Das bedeutet – wegen der erwähnten Sondereinflüsse – im Vergleich zum Vorjahr einen Rückgang um knapp 12 Prozent. Zum Vergleich: Die Branche musste 2005 einen Rückgang um 23 Prozent hinnehmen.

Betriebsergebnis und Jahresüberschuss gehen auf 147 Millionen Euro (minus 9 Prozent) bzw. 86 Millionen Euro (minus 4 Prozent) zurück, liegen aber über den Werten von 2003. Die Zahl der Kunden steigt auf 3,9 Millionen, die der Vermögensberater auf 32 700.

Wäre die DVAG eine selbständige Lebensversicherungsgesellschaft, nähme sie beim Neugeschäft den dritten, beim Bestand den fünften Rang unter 108 Lebensversicherungs-Unternehmen ein. Bei den Neuabschlüssen für die staatlich geförderte Altersvorsorge (Riester-Rente) erreicht die DVAG Platz 2.

2006

Das wichtigste Ereignis des Geschäftsjahres 2006 schlägt in der gesamten Branche wie eine Bombe ein: Die AachenMünchener überträgt ihren gesamten Vertrieb auf die Deutsche Vermögensberatung. Das bedeutet eine neue Rollenverteilung. Die AachenMünchener konzentriert sich auf die Entwicklung neuer, attraktiver Versicherungsprodukte und überlässt den Vertrieb exklusiv der DVAG. Die sorgte schon bisher für mehr als 80 Prozent des AM-Neugeschäfts bei Lebensversicherungen und zu 55 Prozent bei Sachversicherungen.

In den Medien wird dies als außergewöhnlicher Erfolg von Dr. Reinfried Pohl gefeiert. »Der Aufstieg seiner DVAG zum exklusiven Vertriebskanal der AachenMünchener […] krönt quasi Lebenswerk und Geschäftsmodell des 78-Jährigen«, schreibt die *Börsenzeitung*. Die *Süddeutsche Zeitung* kommentiert: »Für Pohl ist dieser Akt ein Ritterschlag. Schließlich verfügt sein Finanzvertrieb damit als Erster seinesgleichen in Deutschland über einen exklusiven Produktlieferanten.«

Die geschäftliche Entwicklung führt 2006 zu neuen Rekorden: Der Inlandsumsatz steigt um knapp 7 Prozent auf 863 Millionen Euro, der Jahresüberschuss um 33 Prozent auf mehr als 114 Millionen Euro. Die Summe der vermittelten Lebensversicherungen wird um über 14 Prozent auf nahezu 12 Milliarden Euro gesteigert. Und die Zahl der insgesamt der Deutschen Bank zugeführten Kunden steigt um rund 100 000 auf etwa 540 000.

Die Zahl der DVAG-Kunden erreicht nunmehr 4 Millionen und die der Vermögensberater 33 522 (plus 3 Prozent). Der Kundenservice der Deutschen Vermögensberatung wird von der unabhängigen ServiceRating Agentur mit dem Qualitätsurteil »Sehr gut« bedacht.

2007
Der anscheinend unaufhaltsame Aufstieg der Deutschen Vermögensberatung AG setzt sich fort. Der Inlandsumsatz überspringt mit einem Plus von 16 Prozent zum ersten Mal die Grenze von 1 Milliarde Euro. Dieses Wachstum beruht allein auf eigener Leistung. Die Ergebnisse der von der AachenMünchener übernommenen Vertriebskapazitäten sind darin noch nicht enthalten.

Nahezu alle Mitarbeiter und Vermittler des bisherigen Vertriebs der AachenMünchener entscheiden sich für die Zusammenarbeit mit der Deutschen Vermögensberatung. Zudem übernimmt die Deutsche Vermögensberatung auch den Finanzvertrieb FVD mit Sitz in Hamburg.

Der Vorsprung gegenüber den börsennotierten Wettbewerbern vergrößert sich.

Die wichtigsten Kennzahlen bedeuten allesamt neue Höchststände: 126 Millionen Euro Jahresüberschuss, 33 851 Vermögensberater, Gesamtbestand: 136 Milliarden Euro. Der Jahresüberschuss übertrifft den der meisten im M-DAX notierten Gesellschaften.

Nachdem der Gesetzgeber die Rahmenbedingungen für die Rürup-Rente verbessert hat, nicht zuletzt auch aufgrund der Vorschläge der DVAG, gewinnt dieses Vorsorgeprodukt deutlich an Attraktivität. Mit fast 75 000 Verträgen und einem Marktanteil von 21 Prozent ist die DVAG hier Marktführer.

2008

Das Geschäftsjahr wird wirtschaftlich überschattet von der Finanzkrise. Viel schlimmer trifft die DVAG-Familie aber der Tod von Anneliese Pohl im Juli 2008, von der Dr. Reinfried Pohl immer wieder gesagt hat: »Ohne meine Frau gäbe es die DVAG nicht.«

Ungeachtet dieses schweren Schlages gelingen dem Unternehmensgründer strategische Weichenstellungen. So stockt die Familie Pohl ihre Beteiligung an der DVAG auf 60 Prozent plus 10 Aktien auf (bisher 50 Prozent plus 10 Aktien) auf. Es ist gerade im Krisenjahr 2008 ein Zeichen der wirtschaftlichen Stärke dieses Finanzvertriebs.

Zugleich wird der Übergang auf die nächste Generation vorbereitet. Dr. Reinfried Pohl überlässt seinen Söhnen Reinfried Pohl und Andreas Pohl jeweils 26 Prozent der Anteile an der Deutsche Vermögensberatung Holding. Er selber bescheidet sich mit 48 Prozent. Er will damit zeigen, dass die DVAG »über Generationen hinweg ein Familienunternehmen bleiben wird«.

Eine weitere Weichenstellung: Die Deutsche Vermögensberatung wird auch alleiniger Vertriebspartner der Deutschen Bausparkasse Badenia. Zudem wird die Spitze der DVAG erweitert. Udo Corts, seit 2003 Minister für Wissenschaft und Kunst in Hessen, wird neues Vorstandsmitglied.

Während Banken und Sparkassen unter den Folgen der Finanzkrise und des damit verbundenen Vertrauensverlusts leiden, kann die Deutsche Vermögensberatung im Krisenjahr 2008 ihre Stellung als mit großem Abstand führender Finanzvertrieb weiter ausbauen. Die Enttäuschung vieler Bürger über falsche Ratschläge von Banken und Sparkassen führt zu einem Zuwachs bei den Kunden auf 5,2 Millionen (plus 4 Prozent) und einem neuen Umsatzrekord von 1,2 Milliarden Euro (plus 22 Prozent). Dieses Ergebnis wird von 37 000 Vermögensberatern (plus 11 Prozent) erzielt.

Der Jahresüberschuss erreicht mit 149 Millionen Euro ebenfalls einen neuen Höchststand (plus 18 Prozent). Mit diesem Jahresüberschuss lässt die DVAG drei Viertel der im M-DAX notierten Gesellschaften hinter sich.

Die überragende Stellung der DVAG wird auf zwei Geschäftsfeldern besonders deutlich. Das Neugeschäft bei Lebensversicherungen wächst insgesamt um 7 Prozent, bei der DVAG jedoch um 27 Prozent. Und während die Riester-Abschlüsse insgesamt stark zurückgehen, schließt die DVAG 56 Prozent mehr Verträge ab.

2009

Die weltweite Finanz- und Wirtschaftskrise stürzt Deutschland in die schwerste Rezession seit der Weltwirtschaftskrise vor 80 Jahren. In diesem schwierigen Umfeld gelingt es der Deutschen Vermögensberatung nicht nur, das zweitbeste Ergebnis ihrer Geschichte zu erzielen. Sie baut auch ihre Position unter den Finanzvertrieben weiter aus.

Die mehr als 37 000 Vermögensberater betreuen über 5,4 Millionen Bürgerinnen und Bürger. In den Umsatzerlösen von 1,1 Milliarden Euro (minus 10 Prozent) spiegelt sich die Zurückhaltung vieler Kunden angesichts der unsicheren Lage am Arbeitsmarkt wider. Auch der Jahresüberschuss geht um 7 Prozent auf 139 Millionen Euro zurück. Gleichwohl: Es ist der zweithöchste Überschuss aller Zeiten. Und: Alle relevanten Wettbewerber verdienen zusammen weniger als die DVAG allein.

Mit bald 3200 Direktionen und Geschäftsstellen ist die Deutsche Vermögensberatung wesentlich stärker als jede Bank in der Fläche vertreten und damit ganz nah an den Kunden. Mittlerweile stammen fast 10 Prozent des Umsatzes der weltweit agierenden Generali-Versicherungsgruppe von der Deutschen Vermögensberatung. Der Gesamtbestand der von der Deutschen Vermögensberatung betreuten Verträge in den Sparten Lebensversicherung, Bausparen, Baudarlehen und Investmentanlagen sowie der Beiträge in den sonstigen Versicherungen wächst auf einen Rekordwert von 162 Milliarden Euro.

Ein Zeichen für den eigenen Optimismus und das Vertrauen in die eigene Stärke: Die Deutsche Vermögensberatung entscheidet sich, mehr als 40 Millionen Euro in den Bau eines Informations- und Congresszentrums in Marburg sowie eines Verwaltungsgebäudes für die Holding der Unternehmensgruppe zu investieren. In diesem Rahmen entstehen eine neue Lern- und Begegnungsstätte für Vermögensberater sowie ein Besucherzentrum. Es soll allen Interessierten einen Überblick über die Unternehmensgeschichte und das Lebenswerk von Dr. Reinfried Pohl vermitteln.

2010

Ein Zeichen der Kontinuität und der Zuversicht: Der Aufsichtsrat verlängert den Vertrag des Vorstandsvorsitzenden Dr. Reinfried Pohl um weitere fünf Jahre. Kommentar des Unternehmensgründers: »Ich nehme diese Herausforderung an und beabsichtige, diesen Vertrag auch zu erfüllen.«

In diesem wirtschaftlich ebenfalls nicht einfachen Jahr zeigt sich, dass das Allfinanz-Konzept von Dr. Reinfried Pohl zur »benchmark«, zum Maßstab der Finanzbranche, geworden ist:

– Die von der DVAG vor 35 Jahren eingeführte Vermögensanalyse ist zum Allgemeingut geworden.

– Sparkassen und Banken setzen inzwischen verstärkt darauf, ihre Kunden zu Hause zu beraten.

– Die Außendienstmitarbeiter der Geldinstitute nennen sich nach dem Vorbild der DVAG ebenfalls »Vermögensberater«.

- MLP beschränkt sich längst nach dem Beispiel der DVAG auf den Vertrieb und verzichtet auf das Angebot eigener Produkte.
- Die Erfolge der DVAG beim Vertrieb der Riester- und Rürup-Rente veranlassen die Wettbewerber, diese Produkte vermehrt anzubieten.
- Die Deutsche Vermögensberatung AG übertrifft beim Umsatz, der Zahl der Kunden und der Vermögensberater die Gesamtvolumina der anderen in Deutschland tätigen eigenständigen Finanzvertriebe.

Die Deutsche Vermögensberatung ist nicht nur am Markt äußerst erfolgreich; sie gilt auch als ausgesprochen guter Arbeitgeber. Das schlägt sich u. a. in drei Auszeichnungen renommierter unabhängiger Einrichtungen nieder:

- Das CRF Institute verleiht der DVAG das Gütesiegel »Top Arbeitgeber Deutschland 2010«, stellt den Finanzvertrieb damit in eine Reihe mit Top-Arbeitgebern wie Amazon oder Coca-Cola.
- Die Rating-Agentur Assekurata zeichnet die DVAG mit dem Gütesiegel »exzellent« aus. Das bezieht sich vor allem auf die herausragenden Rahmenbedingungen für eine Karriere als Vermögensberater.
- Die ServiceRating GmbH benotet den Kundenservice der DVAG mit dem Prädikat »exzellent«. Darin spiegelt sich die Fachkompetenz der Vermögensberater und die Kundenorientierung des Unternehmens wider.

Diese Auszeichnungen sind auch der Lohn für die Anstrengungen der DVAG bei der Ausbildung ihrer Vermögensberater, insbesondere ihrer 16 000 hauptamtlichen. Allein dafür investiert das Unternehmen Jahr für Jahr 50 Millionen Euro.

Das Unternehmen kündigt an, eine neue Berufsbildungs- und Begegnungsstätte für Vermögensberater in Mecklenburg-Vorpommern zu errichten.

Zudem setzt die DVAG bei der Unterstützung ihrer Vermögensberater neue Maßstäbe. Als erster Finanzvertrieb stattet
sie ihre 1000 erfolgreichsten Berater mit »iPads« aus – unmittelbar nach dem Verkaufsstart dieses Geräts in Deutschland.
Dank eigener »DVAG-Apps« können die Vermögensberater
ihren Kunden die Beratungsphilosophie multimedial erläutern
und u. a. Versorgungslücken im Alter simulieren.

Register

Bildquellen

Bundespresseamt:
Bildteil 1: Seite XIX (unten)

Martin Joppen:
Bildteil 1: Seite XX

Wolfgang von Brauchitsch:
Bildteil 2: Seite XIV

Carsten Herwig:
Bildteil 1: Seite XXI, XXII
Bildteil 2: Seite II, III, IV, V, VI, VII, VIII, X/XI, XII/XIII

Daniel Biskup:
Bildteil 2: Seite IX